¡BIENVENIDA A
ARGELIA!

Bou Saada.

¿Quién hubiera imaginado que Argelia alberga algunos de los más bellos yacimientos romanos de la Antigüedad? ¿Quién sospecharía que sus magníficos oasis han dado lugar a uno de los sistemas de regadío más ingeniosos del mundo? Por desgracia, no oímos hablar lo suficiente de este país para apreciar sus riquezas tangibles e intangibles. A menudo tenemos una visión inexacta de él.

Ciertamente, Argelia no ha seguido el frenesí turístico que se ha apoderado de sus vecinos, pero también invita audazmente a los visitantes a descubrir sus secretos, su historia y sus tesoros. Algunos dirán que en Argelia no hay turismo, pero no es cierto. Los hoteles se mejoran constantemente, las infraestructuras viarias se han ampliado en los últimos años y se están llevando a cabo importantes reformas, sobre todo en Argel… El flamante «visado a la llegada» confirma la voluntad del gobierno de desarrollar el turismo.

En cuanto a la seguridad, el país es en general seguro. Los viajeros que se desplacen hasta allí tendrán la oportunidad de descubrir una Argelia sincera y modesta, con mil y un contrastes, un país siempre acogedor y encantador que invita a exploraciones complejas e íntimas. Una vez descubras Argelia, seguro que querrás volver, porque es sublime y realmente entrañable.

Uno de los seis puentes de Constantina.

AF275887

ÍNDICE

■ DESCUBRE ■

Lo más destacado de Argelia 8
Ficha técnica 10
Argelia en 10 palabras 12
Pinceladas sobre Argelia 14
Historia..18
Población 27
Arte y cultura 30
Fiestas 36
Cocina local.................................38
Deportes y ocio...........................41
Personajes ilustres 43

■ VISITA ■

Argel 46
    Centro y Casba.........................46
    Mustapha Superior
    y barrios del sur.......................47
    Periferia 47
    Qué ver – Qué hacer 50

    Centro y Casba.........................50
    Periferia 63
Alrededores de Argel 72
  Sur de Argel.................................72
    Blida 72
    Parque Nacional de Chréa 72
    Médéa 73
  Oeste de Argel.............................77
    Sidi Fredj 77
    Zéralda 78
    Club des Pins 78
    Tipasa 78
    Cherchell 81
  Este de Argel...............................83
    Bordj el Kiffan 83
    Aïn Taya 83
    Boumerdés 83
Noroeste 84
    Orán 84
    Sidi Bel Abbès.........................91
    Aïn Temouchent 92
    Beni Saf 92
    Tremecén..................................92
    Parque Nacional de Tremecén..97
    Nedroma.................................100

ARTOUSS - SHUTTERSTOCK.COM

Macizo de Djurdjurdjura.

Ghazaouet.................................. *100*
Costa de Orán a Argel 101
  Mostaganem........................ *101*
  Muaskar *102*
  Tiaret................................. *102*
  Miliana *104*

La Cabilia...**105**
Tizi Uzu y la Gran Cabilia.......... 105
  Tizi Uzu *105*
La Costa al norte de Tizi Uzu 106
  Tigzirt................................ *106*
Bugía y la Pequeña Cabilia 107
  Bugía *107*
  Parque Nacional de Gouraya . *107*
  Tichy.................................. *109*
  Jijel................................... *109*
  Parque Nacional de Taza *109*
  Sétif................................... *109*
  Djémila – Cuicul.................... *110*

Noreste **113**
  Constantina.......................... *113*
  Tiddis.................................. *118*
Los Aurés................................ 119
  Batna.................................. *119*
  Timgad *119*
  Biskra *121*
  Sidi Okba *121*
Annaba y la Costa 121
  Annaba *121*
  Cabo de Garde *122*
  Skikda *122*
  Collo *123*
  El Kala *124*

Al sur de Annaba..................... 124
  Guelma *124*
  Souk Ahras *124*
  M'daourouch........................ *124*
  Khemissa............................ *125*
  Tébessa.............................. *125*

Sur...**126**
Oeste Sahariano 126
  Aïn Séfra............................ *126*
  Gran Erg Occidental *126*
La ruta del Sur 127
  M'sila................................. *127*
  Bou Saâda *128*
  Laghouat *128*
  El Goléa / El Menia *128*
  In Salah *129*
El M'zab................................. 129
  Gardaya *129*
  Los oasis Chaambas *130*
El Gran Erg Oriental................. 131
  Uargla *131*
Tamanrasset y el Ahaggar 131
  Tamanrasset *134*
Djanet y Tassili N'ajjer 134
  Djanet................................ *136*
  Essendilène *136*

■ INFO PRÁCTICA ■
Info práctica **138**
Índice de contenidos **141**

GRATIS **ESTA GUÍA EN FORMATO DIGITAL**
Código de descarga en la página 99

Parque Nacional de Ahaggar.
© DMITRY PICHUGIN – SHUTTERSTOCK.COM

DESCUBRE

LO MÁS DESTACADO DE ARGELIA

Autenticidad y parajes vírgenes en lugares excepcionales

En parte por los años oscuros que paralizaron el país durante más de una década, y sin duda por el petróleo, que dificulta el desarrollo de otros sectores, entre ellos el turismo, Argelia no ha seguido el frenesí turístico que se ha apoderado de sus vecinos, Marruecos y Túnez. Algunos verán en ello un inconveniente, mientras que otros dirán que es una oportunidad, que Argelia es un país virgen y libre de todos los vicios del turismo de masas. Y es cierto. Aunque las infraestructuras hoteleras han carecido durante mucho

tiempo de comodidades, realmente tienden a mejorar, y en los últimos años han surgido numerosos hoteles en las principales ciudades, como Argel, Orán, Constantina y Tlemcen. Pero, una vez más, aquí no hallarás los complejos turísticos de masas que se pueden encontrar en Marruecos o Túnez. Así que, a pesar de todo, Argelia os encantará a quienes os toméis el tiempo de apreciarla, seáis un poco aventureros y, sobre todo, os guste alejaros de los caminos trillados. Un litoral salvaje y libre de hormigón, yacimientos antiguos y remotos en entornos excepcionales, un vasto desierto con pistas poco transitadas, identidades fuertes, comportamientos y relaciones humanas auténticas… Eso es Argelia.

Ciudad antigua de Timgad.

Multiplicidad y diversidad

Ya seas amante del patrimonio cultural e histórico, de los vastos desiertos, de holgazanear en la playa, del aire fresco de la montaña o de las sinuosas calles de las ciudades, Argelia, cuya superficie es más de cuatro veces mayor que la de España, te sorprenderá como uno de los países más bellos del Mediterráneo y del Magreb. Son raros los destinos que ofrecen generosamente tal diversidad. Piensa que, en el transcurso de un solo día, puedes pasar de las laderas nevadas del Djurdjura a la playa, de los vestigios romanos a los palmerales de un oasis, o de la Casba de Argel a un jardín en

Gardaya… Con sus 1200 kilómetros de costa, el litoral argelino es un magnífico balcón salvaje sobre el Mediterráneo: calas y playas de arena fina harán las delicias de quienes preferiáis holgazanear. Argel, Constantina, Annaba, Bugía y Orán, ciudades milenarias, han encontrado aquí su emplazamiento ideal.

El legado de las civilizaciones y el rico patrimonio cultural

Argelia está salpicada de hitos históricos y de huellas del paso de las civilizaciones que han conformado el país desde la antigüedad hasta nuestros días. Desde las conmovedoras y preciosas pinturas rupestres de los Tassili, testigos de las primeras civilizaciones humanas, hasta los edificios neoclásicos franceses que simbolizan una colonización masiva y devastadora, el patrimonio es considerable, al igual que las diversas conquistas, ocupaciones, dominaciones y dinastías… Tumbas de reyes bereberes cerca de Constantina, ruinas romanas en Tipasa, Timgad o Djémila, palacios otomanos que datan de la Regencia de Argel, fortalezas españolas en Orán, mezquitas de los períodos almorávide y ziani en Tlemcen, restos de la Kalâa de los Beni Hammad del período hammadita… Argelia ofrece muchas posibilidades para estancias temáticas.

Una hospitalidad legendaria

Si, por caprichos de la historia, el miedo a no ser bien recibido en Argelia sigue rondando muchas mentes y frena a algunos a realizar el viaje, es hora de afirmar que en Argelia se acoge a los extranjeros con una calidez de la que a menudo carecen nuestras sociedades occidentales. En la calle, si las miradas pueden parecer a veces opresivas, hay que saber que la única razón de esta insistencia es la curiosidad. Los turistas extranjeros no son habituales, sobre todo en las grandes ciudades del norte, por lo que los argelinos se sorprenden al ver que los extranjeros vuelven a interesarse por su país. Qué alegría viajar a un lugar en el que eres bien recibido en todas partes, donde las puertas se abren con tanta calidez y donde la amabilidad es sincera y desinteresada.

El Sáhara, un desierto mítico

Recorrer el Tassili de Hoggar, una meseta hundida donde las rocas más duras, esculpidas y acariciadas por el viento han adoptado formas de fantasía, es un viaje en el tiempo y el espacio. Desgraciadamente, el acceso a esta región está actualmente prohibido, al igual que el acceso al Tassili n'Ajjer, por encima de Yanet, por las mismas razones. Aquí es donde la historia de la humanidad se exhibe a la vista: el Tassili n'Ajjer y sus alrededores constituyen el mayor museo prehistórico al aire libre del mundo. La Cabilia se eleva hacia las altas cumbres, cubiertas de nieve durante gran parte del año, con una sucesión de bosques de robles y cedros y pueblos aferrados a las crestas. En cuanto al Aurés, entre Batna y Biskra, sus pliegues ocultan grandes extensiones de palmerales. Los pueblos apiñados en sus laderas se asoman a valles a veces muy profundos. Aquí la vida es dura, pero la gente sabe defenderla.

FICHA TÉCNICA

BANDERA DE ARGELIA

Diseñada a principios de la década de 1930 por Messali Hadj, uno de los padres de la independencia y fundador de la Estrella Norteafricana, la bandera argelina presenta tres colores que se encuentran en muchas banderas de países del mundo árabe-musulmán. La mitad izquierda es verde, el color del islam y del paraíso. La mitad derecha es blanca, símbolo de paz y esperanza en un futuro brillante. En el centro, una media luna roja, herencia otomana, rodea una estrella del mismo color, símbolo de la sangre derramada por los mártires. Las cinco puntas de la estrella hacen referencia a los cinco pilares del islam.

Ouargla.

País

▶ **Nombre oficial:** República Argelina Democrática y Popular (Al-Jumhuriyah al-Jazaïriyah ad-Dimuqratiyah ash-Sha'biyah), más comúnmente conocido como Argelia o Al-Jazaïr.

▶ **Capital:** Argel.

▶ **Superficie:** 2 381 741 km² (más de cuatro veces la superficie de España), de los cuales el 84 % está ocupado por el Sáhara (dos millones de kilómetros cuadrados).

▶ **Idiomas:** árabe y tamazight (desde 2016).

Población

▶ **Población:** 46,7 millones de habitantes (2025).

© ANTON_IVANOV – SHUTTERSTOCK.COM

En verano, las temperaturas pueden alcanzar los 45 °C en la región de Adrar, al igual que en Timimoun.

- **Densidad:** 19,60 habitantes/km².
- **Esperanza de vida:** 77,9 años.
- **Tasa de alfabetización:** 81,4 %.
- **Religión:** islam suní.

Economía

- **Moneda:** dinar.
- **PIB:** 244 700 millones de dólares (2024).
- **PIB/habitante:** 4 860 dólares.
- **Tasa de crecimiento:** 4,2 %.
- **Tasa de desempleo:** 12,7 %.
- **Tasa de inflación:** 4,1 %.

Huso horario

La diferencia horaria es de -1 hora en verano.

Clima

En el norte, Argelia disfruta de un clima mediterráneo, cálido en verano y más fresco, sin llegar a ser frío, en invierno (excepto a gran altitud, donde puede nevar y helar). En el sur, las temperaturas oscilan entre muy altas en la parte central (hasta 50 °C en In-Salah) y soportables en Tamanrasset, a 1500 metros de altitud. En invierno, la diferencia de temperatura entre el día y la noche puede ser muy acusada: de 25 °C a 0 °C.

Argel											
Enero	Febrero	Marzo	Abril	Mayo	Junio	Julio	Agosto	Sept.	Octubre	Nov.	Dic.
9°/15°	9°/16°	11°/17°	13°/20°	15°/23°	18°/27°	21°/28°	22°/29°	21°/27°	17°/23°	13°/19°	11°/16°

ARGELIA EN 10 PALABRAS

Hermosas estrellas

Si hay un país donde puedes vivir la experiencia de dormir bajo las estrellas —¡en una habitación de 1000 estrellas, como te contaremos! —, este es Argelia. Ya sea en el desierto, en casas de amigos, en un hotel o en un campamento sahariano, las noches allí son inolvidables y, a menudo, mucho más cómodas que en una habitación mal ventilada. No hay nada mejor que dormirse bajo la bóveda de la Vía Láctea, arrullado por los sonidos apagados del campamento o del pueblo. Todas las casas y hoteles, salvo *los de lujo*, tienen terraza, y en el desierto no hay más remedio que desenrollar el saco de dormir, preferiblemente al abrigo del viento. También se debe tener cuidado con los mosquitos, que abundan allí donde hay agua. Pero ya te recordarán que la albahaca repele a los mosquitos.

Bladi

Bladi, «mi país». Aquel en el que se vive o del que se ha salido, al que se regresa al menos una vez al año si es posible. En sentido etimológico, la palabra se refiere al interior continental en relación con el mar.

Casba

El núcleo más antiguo de la ciudad, en la mayoría de los casos una ciudadela de origen otomano («casbah» en turco). La de Argel es Patrimonio Mundial de la Unesco desde 1992. Sin embargo, estuvo a punto de desaparecer. O al menos eso es lo que parecía hasta hace poco, por el ruinoso estado en el que se hallaba… Estaba cayendo literalmente en la ruina, como demuestran los numerosos titulares de prensa sobre edificios desmoronados. Gracias a las asociaciones de defensa de la Casba, al regreso —aunque tímido— de los turistas y, tal vez, a la organización de reuniones internacionales en las que se pedía a Argel que pusiera remedio al asunto, las obras comenzaron por

Tuareg en el desierto del Sáhara, cerca de Djanet.

fin a principios de 2005. Se restauran palacios, se consolidan edificios, se derriban otros, se encalan muros, se repintan herrajes, se repavimentan callejuelas… A pesar de todo, las casas siguen desmoronándose tras cada violenta tormenta, o simplemente por fatiga.

Puestas de sol

Mágicas, sobre todo cuando van acompañadas de la llamada a la cuarta oración (*maghrib*), a la hora en que aparece la primera estrella en el cielo púrpura… Es un momento para apreciar, un momento de gran tranquilidad, incluso en el centro de una gran ciudad.

Cuscús

Cada año, los sondeos son claros: ¡el cuscús es un plato cada vez más apreciado en Europa! Es una elaboración que el escritor francés Rabelais denominó en el siglo XVI como «cuscús a la morisca». Preparado con sensatez, es un plato muy sano, con o sin carne, que puede ser salado, incluso muy picante, o bien dulce… Existen decenas de tipos diferentes, incluso se podría decir que uno para cada familia.

Jena

La *henna* (o jena) se utiliza para dibujar tatuajes tradicionales no permanentes en manos y pies. Se obtiene moliendo las hojas secas del arbusto de la jena (*Lawsonia inermis*) hasta obtener un polvo. Este producto auténticamente milagroso se desvanece al cabo de un mes en la piel y permanece más tiempo en el pelo.

Cabilas

Las cabilas afirman su «amazighidad» al tiempo que sus miembros se sienten muy orgullosos de ser argelinos, aunque a veces tiendan a llamarse *cabilas* antes que argelinos. Con la nueva Constitución argelina (2016), la lengua tamazight se convirtió en lengua oficial, lo que alegró a la comunidad cabila. También existe una bandera cabila.

Nómadas

Quedan pocos nómadas a tiempo completo. Los chaambas se han sedentarizado, al igual que los tuaregs, pero quizá sea la nostalgia de una vida organizada en torno a la caravana de camellos, los rebaños de cabras y la jaima, que se desmantela cuando se acaba la hierba, lo que empuja a algunos a trabajar con turistas.

Zoco

En la tradición musulmana, el mercado es el centro de la ciudad, junto con la mezquita. En Argelia, el zoco es ante todo un mercado que a menudo tiene poco que ver con lo que los turistas experimentan en Marruecos o Túnez. Aquí no hay timos. Los zocos de Argelia son auténticos mercados para los lugareños donde se puede encontrar de todo.

Youyou

Como salidos de la noche de los tiempos, los *youyous* de las mujeres con velo despiertan la imaginación del viajero. Estas estridulaciones vocales, que señalan festividades (celebraciones familiares, bodas, nacimientos, fiestas religiosas, etc.), también acompañan hoy a las canciones populares bereberes y árabes.

DESCUBRE

PINCELADAS SOBRE ARGELIA

Geografía

Argelia, en el centro de la región del Magreb, del que es el país más extenso, está situada entre el mar Mediterráneo, que la bordea por el norte a lo largo de mil kilómetros, y el trópico de Cáncer, que la atraviesa por el sur. Es el segundo país más grande de África y el décimo del mundo. Sus fronteras terrestres están delimitadas por Túnez y Libia (965 km y 980 km), Níger al sureste (955 km), Mali al suroeste (1375 km), Mauritania (465 km) y el Sáhara Occidental (42 km) y Marruecos (1560 km). Su nombre deriva del mismo topónimo árabe que Argel, El-Djezaïr, que significa «isla». El propio nombre de Djezaïr procede de la expresión Bagh El-Djezaïr, «la tierra de las islas», que se refería al conjunto del Magreb (Marruecos, Túnez y el territorio central). Para los árabes, *Magreb* significaba «tierra del sol poniente». En la mayor parte de su territorio —2 381 741 km²— el país es un inmenso desierto, bordeado al norte por una franja de 200 a 350 kilómetros de ancho que se extiende a lo largo de la costa mediterránea. Sus mil kilómetros de costa están recortados: el golfo de Orán, la bahía de Argel y los golfos de Bugía, Skikda y Annaba.

Clima

En un país de tantos contrastes, el clima varía enormemente, del mediterráneo al sahariano. En el norte, los veranos calurosos y secos (25 °C de media en verano), dominados por las altas presiones subtropicales, van seguidos de inviernos húmedos y frescos (11 °C), más templados cerca del mar y más crudos a mayor altitud. Por regla general, la zona oriental recibe más lluvias (unos 2000 mm) que la occidental, protegida de las perturbaciones por las cordilleras del Rif y el Atlas Medio marroquí. Argel es famosa por su atmósfera estival, a veces *pesada* y tormentosa, difícil de soportar. Las altas cumbres del este permanecen cubiertas de nieve de octubre a junio. Debido a su altitud, el Atlas teliano es un poco más fresco y húmedo, aunque en él se dan más o menos las mismas tendencias climáticas. En las mesetas altas, caracterizadas por la aridez continental (200 a 400 mm de lluvia, principalmente en primavera), se registran temperaturas extremas. En verano, un viento caliente y seco procedente del Sáhara, el enloquecedor siroco (también conocido como *chehili* o *khamsin*), reduce las precipitaciones en las mesetas altas y en el Atlas sahariano. Apartado de la influencia marina del Mediterráneo por las cadenas montañosas, el Sáhara recibe muy poca agua (menos de 120 mm de media en el norte y menos de 30 mm en el sur), pero algunas zonas del desierto pueden recibir lluvias torrenciales durante una tormenta y los *uadis*, a menudo considerados sin vida, se llenan repentinamente de agua, haciéndolos peligrosos. Las temperaturas aquí son altas (hasta 50 °C en In-Salah), aunque suavizadas por la altitud, pero pueden presentar sorprendentes contrastes en invierno, cuando las noches son muy frías (0 °C). La aridez del clima se ve acentuada por el simún, un viento de arena que puede ser muy violento. El nivel de humedad más bajo se registró en Tamanrasset: un 3 %.

Medioambiente

El medioambiente del país más grande de África es especialmente frágil, ya que el 85 % de su territorio está ocupado por el desierto del Sáhara. Se ha visto muy deteriorado desde la independencia de Argelia en 1962, cuando el país emprendió un vasto programa de modernización. Desde entonces, la población se ha cuadruplicado. Aunque se fomentan la innovación y las iniciativas privadas, el desarrollo sostenible está ahora más respaldado por la legislación, ya que Argelia es signataria de todos los convenios internacionales sobre la materia, y la protección del medioambiente se contempla en la Constitución desde su revisión en 2020.

▶ **Las ciudades se desmoronan bajo el peso de los residuos.** Argelia ha experimentado un crecimiento demográfico especialmente intenso, y no se vislumbra el final: se espera superar los 50 millones de habitantes en 2030, frente a los 43 millones actuales. Por tanto, es probable que aumente aún más la producción anual de residuos, situada actualmente en 23 millones de toneladas. Esto representa un reto importante, ya que los residuos se acumulan de forma incontrolada o se incineran en vertederos debido a la falta de un sistema de gestión eficaz. La respuesta a esta lacra es

tanto más urgente cuanto que la mitad de los residuos son de origen industrial y extremadamente contaminantes. En 2024, la ministra de Medio Ambiente y Energías Renovables, Fazia Dahlab, se hizo cargo de la cuestión elaborando la Estrategia Nacional de Gestión Integrada de Residuos hasta 2035 (SNGID 2035). Este proyecto, cofinanciado por la Unión Europea, deberá permitir a Argelia desarrollar una mejor gestión de los residuos y reducir la contaminación ambiental, fomentando una economía verde y circular.

▶ **Un espejismo ecológico en el desierto.** Además de responder a la crisis de los residuos, Argelia pretende hacer de la innovación la clave de su viraje ecológico. Así lo demuestra Ksar Tafilelt, una ecoaldea que ha surgido como un oasis junto al desierto. La idea nació en la década de 1990 como respuesta a la crisis de la vivienda. El pueblo, de 22 hectáreas, se levanta sobre una colina rocosa y está construido con materiales regionales, como la piedra y la cal, que son perfectos aislantes. Además, el funcionamiento del pueblo permite reutilizar las aguas residuales para regar las zonas verdes. Por último, el sistema de alumbrado público se basa en el sol, que no escasea en la región.

▶ **La desertización amenaza los pueblos.** Las dunas, que ya cubren el 85 % del país, siguen engullendo el paisaje circundante. Entre 1975 y 2016, ¡el 20 % del territorio se vio afectado por el encenagamiento! Una de las causas de este fenómeno es el pastoreo, demasiado intenso en las estepas de las mesetas altas. Varios millones de ovejas pastan en esas praderas y las dunas ya no quedan sujetas por la red de raíces. A esto se añade el calentamiento global y las sequías recurrentes que trae consigo. En 1970, el gobierno puso en marcha un enorme proyecto llamado la Presa Verde, destinado a crear un muro de bosque que cruzara el país de oeste a este, de 1500 kilómetros de longitud y 20 km de ancho, para bloquear el avance de la arena. Desde 2021, la Presa Verde se ha restaurado con varios proyectos. En 2022, la ministra de Medio Ambiente, Samia Moualfi, anunció la plantación de 3,7 a 4,7 millones de hectáreas de árboles en la Presa y en otros espacios verdes para 2035.

Flora y fauna

Fauna

Si viajas por Argelia, te cruzarás seguro con ovejas, cabras, caballos, dromedarios y borricos, unos asnos pequeños y robustos que pueden hacer de todo y en todas partes. En el norte, el campo es acechado por zorros, gatos monteses, comadrejas, hienas rayadas, liebres y chacales, y, lo que es más peligroso, por jabalíes, que aprovecharon la prohibición de las armas de caza en la década de 1990 para medrar, acercándose incluso a las ciudades y poniendo en peligro los cultivos. En algunas zonas boscosas hay un mono típico del norte de África, el macaco de Berbería (o mono de Gibraltar). La población de aves (gorriones, palomas, paseriformes, estorninos, rapaces, etc.) se enriquece con el paso de aves migratorias como las cigüeñas, que huyen del norte de Europa en invierno. Hacia el sur, destacan la gacela, el muflón del Atlas, que se ha refugiado en las alturas escarpadas, el gato de las arenas, el jerbo, que solo sale de noche, y el gerbillo, que

nunca bebe, el damán roquero, roedor originario de Etiopía, el jird gordo, el fénec, el guepardo, el puercoespín y el perro salvaje, que no se ve desde 1988. A principios del siglo XX aún se tenían noticias de la presencia de cocodrilos y avestruces. El lagarto de cola de látigo es el único que se atreve a salir a la luz directa del sol, refrescándose por ventilación. El pájaro más famoso es el *moula-moula*, una collalba de cabeza blanca. Entre los insectos y arácnidos, escasos en el desierto, destacan las moscas que le siguen a uno a todas partes, los mosquitos cerca del agua estancada y los escarabajos, uno de los cuales recibe el apodo de «escarabajo 4×4» porque sus altas patas le facilitan arrastrarse por la arena. Hay pocos escorpiones, de los que se dice que salen entre las 7 y las 8 de la tarde.

Flora

La vegetación argelina, al menos en el norte, es esencialmente mediterránea, sometida al régimen de precipitaciones. Los bosques y matorrales de las laderas septentrionales del Atlas teliano están formados por encinas, alcornoques, robles andaluces (unos robles a menudo centenarios de tronco recto que pueden alcanzar los seis metros de circunferencia), cedros, pinos carrascos, algarrobos, lentiscos, brezos y madroños, todos ellos muy afectados por la deforestación industrial, agrícola y estratégica —los ejércitos francés y luego argelino utilizaron los mismos métodos para desalojar a los maquis—. La reforestación, que se ha iniciado en los márgenes de algunos parques nacionales, es difícil por la falta de agua y la erosión del suelo. En las laderas del Atlas teliano, el enebro y la vegetación estepraria son cada vez más escasos cuanto más se asciende. En las llanuras irrigadas y protegidas, los árboles frutales dan frutos todo el año: almendros (principios de abril), albaricoqueros (mayo), cerezos (junio), higueras (de junio a agosto), vides (finales de julio a septiembre), perales, manzanos y melocotoneros (agosto), granados (septiembre) y naranjos (noviembre), mientras que los limoneros dan fruto todo el año. También se cosechan nueces, castañas y aceitunas, las mejores en la zona de Sig, en la región de Orán. En la Cabilia, la cosecha de aceitunas se utiliza para producir aceite de oliva. En las altiplanicies, donde el clima y el suelo no favorecen el desarrollo de la vegetación, crecen el esparto y otras gramíneas. El esparto puede alcanzar hasta un metro de alto. Esta planta perenne, poco exigente y de color amarillo pajizo, se utiliza para fabricar cuerdas, suelas de alpargatas y alfombras, y también para la cestería.

En el Atlas sahariano encontramos el ciprés, el terebinto, que puede alcanzar los veinte metros de altura, el palmito, cuyas hojas se tejen también en cestería, el madroño, el zumaque espinoso, cuya corteza se utiliza como tinte rojo, etc.

© MARTIN MECNAROWSKI – STOCK.ADOBE.COM

El fénec, emblema de Argelia.

La vegetación de los oasis, protegida del viento por barreras artificiales, muros o vallas de palmeras, y del sol por el dosel de altas palmeras datileras, puede ser muy rica y variada. Entre las plantaciones regadas por modestas acequias, al igual que en los vergeles más favorecidos del norte, abundan tanto las hortalizas como las frutas o las flores y arbustos ornamentales (jazmín, buganvilla, lantana, madreselva, bignonia, pasiflora, rosa, geranio, etc.) y las plantas aromáticas (menta, albahaca, tomillo, etc.). A los argelinos les encantan sus jardines…

Fuera de los oasis, el Sáhara es bastante pobre desde el punto de vista vegetal, simplemente salpicado de acacias cuyas hojas se convierten en espinas para limitar la evaporación del agua, a veces con acebuches y escasos mechones de hierba. Pero basta un chaparrón para que en los días siguientes aparezca un gran número de plantas, cuyas semillas son transportadas por el viento y solo esperan esa pizca de humedad para germinar. También aparecen matas verdes que habían estado creciendo hasta entonces (artemisa, lavanda, mirto, azufaifo y columbina en las ramblas, muguet en las montañas, etc.) y, aunque parecen diferir poco unas de otras, es necesario un buen conocimiento de la flora para distinguir sus propiedades. Algunas de estas plantas son asombrosas, como la rosa de Jericó, que se seca enroscada alrededor de sus semillas y se despliega en cuanto el agua la toca. Los tuaregs aún conocen estas plantas, a menudo muy olorosas, y las recolectan para aromatizar su té o preparar una decocción con propiedades beneficiosas *(chir, takmezout…)*. Algunos *uadis* son conocidos por estar cubiertos de adelfas, que además de bonitas son muy tóxicas.

DESCUBRE

HISTORIA

De la prehistoria a la Antigüedad

Desde tres millones de años a. C. hasta el 7500 a. C.., Argelia albergó una de las primeras cunas de la humanidad. En 2018, el yacimiento de Aïn Boucherit reveló las herramientas de piedra tallada más antiguas de Argelia, que datan de entre 1,9 y 2,4 millones de años. Los fósiles humanos más antiguos conocidos en el norte de África se descubrieron en el yacimiento de Tighennif, un antiguo lago prehistórico cerca de Muaskar. Estos huesos permitieron definir al atlántropo (hombre del Atlas), un cazador-recolector que desapareció hacia el 250 000 a. C.

Hacia el siglo XII a. C., los fenicios quisieron ampliar su red comercial. Fundaron Cartago (de Qart Hadast, «ciudad nueva») en el año 814 a. C., y luego se instalaron en la costa norte-africana estableciendo una serie de puestos comerciales, sobre todo en la actual Argelia: Hipona, Skikda, Collo, Jijel, Bugía, Argel, Tipasa, Cherchell, etc. Estos desempeñaron un papel crucial en el comercio mediterráneo, pero también en el desarrollo de las poblaciones y la difusión de la cultura cartaginesa.

Numidia y la dominación romana

Los pueblos bereberes formaban sociedades organizadas y estructuradas mucho antes de la llegada de los fenicios. Ya desde el siglo V a. C., los *agellid* (reyes) se hicieron con el poder para dirigir las grandes confederaciones tribales. Entre los pueblos bereberes, los númidas dieron origen a una organización casi estatal. En el siglo III a. C. surgieron dos dinastías: los masilios y los masesilios.

En el siglo III a. C. los romanos intentaron hacerse con el control del Mediterráneo y

Pinturas rupestres en el macizo de Ahaggar.

© ANTON_IVANOV – SHUTTERSTOCK.COM

Arqueológia de Timgad.

se establecieron en la costa norteafricana, donde se enfrentaron a los fenicios: tras cien años de tensiones y tres guerras púnicas, que finalizaron en el 146 a. C. con la caída de Cartago, crearon la primera provincia romana de África.

En el año 105 a. C., Numidia, que había sido unificada bajo los reinados de Masinisa y posteriormente de Jugurta, fue dividida de nuevo: la parte occidental quedó bajo dominio mauritano y la parte oriental bajo control romano, convirtiéndose en la provincia de África Nova. Las provincias africanas se unificaron en el año 27 a. C. con el nombre de África Proconsular. Los primeros emperadores romanos intentaron controlar el territorio mediante una vasta política de urbanización. Se desarrolló la agricultura, lo que proporcionó a Roma prácticamente el monopolio del trigo y el aceite a finales del siglo II. No obstante, la colonización de la provincia no estuvo exenta de revueltas, la más importante de las cuales estalló en el siglo I d. C.

Invasiones vándalas, bizantinas y árabes

El emperador Constantino instauró la religión católica en el Imperio romano en el año 313, pero un cisma entre los cristianos del África romana condujo a un período de agitación que debilitó la región. Tras el saqueo de Roma por los visigodos en el 410, los vándalos, dirigidos por Genserico, se dirigieron al norte de África a través de la península Ibérica. Tomaron Hipona (Annaba) en el 430 y la convirtieron en su primera capital. En el 439, invadieron el África Proconsular y tomaron Cartago. Los vándalos dominaron la región durante casi un siglo, hasta que los bizantinos, dirigidos por Belisario, caudillo de los ejércitos del emperador oriental Justiniano I, se apoderaron del norte de África en el año 533. Los nuevos ocupantes encontraron la misma resistencia bereber que sus predecesores. Debilitados, no pudieron impedir ni las nuevas invasiones árabes, que comenzaron en el 647, ni el advenimiento del islam.

De la islamización a las dinastías bereberes

Tras la muerte del profeta Mahoma en Medina en el 632, Abu Bakr, primer califa ortodoxo, y posteriormente su sucesor Omar, organizaron la expansión del islam. Conquistaron parte de Oriente Próximo y luego atacaron el Imperio bizantino, que en aquella época dominaba el Mediterráneo. Othman obtuvo victorias sobre los bizantinos, y en el 642 se le convenció para que permaneciera confinado al este del Magreb. En 650, la dinastía omeya, instalada en Damasco, reanudó la conquista de la región. Tras muchos años de conflicto, la reina bereber Kahina fue derrotada en el 701. Musa Ibn Nusair, nombrado primer gobernador de Ifriqiya, prosiguió la política de islamización.

El reino rostomita, llamado así por su fundador, Abd al-Rahman bin Rustam, floreció a partir del 750 en el Magreb central, antes de ser invadido por los bereberes kutama, que en el 909 tomaron la capital, Tiaret, y fundaron el Califato fatimí.

A partir del 972, tras vencer la resistencia de los omeyas de al-Ándalus, los fatimíes reinaron en el norte de África desde El Cairo durante tres siglos. La civilización musulmana alcanzó entonces su apogeo y los bereberes se convirtieron definitivamente, aunque aún quedaron reductos de cristianismo.

Del siglo XI al XIII se suceden las dinastías bereberes: los sanhaya, formados por los ziríes y los hammudíes, y luego los almorávides y los almohades. Entre los siglos XIII y XVI, el Magreb estuvo controlado por tres entidades políticas con territorios fluctuantes: los hafsíes en el este, los zianíes en el centro y los

meriníes en el oeste. La región disfrutó de cierta prosperidad económica y cultural, reforzada por la llegada de los moriscos (musulmanes de la península Ibérica) y de los judíos expulsados de España a partir de 1492.

Ocupación española y fundación de la Regencia de Argel

A finales del siglo XV, los españoles, que ya habían conseguido expulsar a los musulmanes de la Península, los persiguieron hasta África. Iniciaron la conquista de los puertos argelinos y tomaron Mers El-Kebir en 1505, Orán en 1509 y Bugía en 1510, gracias a la desorganización de las fuerzas musulmanas. Los Estados bereberes estaban en crisis y fragmentados en sistemas feudales rivales; este contexto fue favorable a la ofensiva ibérica.

Los españoles tomaron varias ciudades costeras, mientras que otras tuvieron que pagar un alto precio para resistir. Argel llegó a un compromiso y entregó los islotes que tenía enfrente, donde se construyó una fortaleza llamada el Peñón. Argel no disponía de recursos para enfrentarse al ejército hispano, y los habitantes recurrieron a los hermanos Barbarroja, corsarios que surcaban el Mediterráneo en ayuda de las comunidades musulmanas. En 1514 desembarcaron en Jijel, donde lucharon contra los cristianos españoles. Tras la toma de Argel en 1516, Aruj Barbarroja se proclamó sultán de Argel e hizo de la ciudad la capital de su Estado. Conquistó todo el interior y el oeste de Argelia antes de ser derrotado por los españoles en el 1518. Le sucedió su hermano, Jeireddín Barbarroja, quien, en 1519, propuso al sultán otomano Selim I que Argelia pasara a formar parte del Imperio otomano, cuyas fuerzas eran las únicas capaces de contrarrestar la invasión española y permitirle conservar sus territorios en torno a Argel. El sultán Suleimán, hijo de Selim I, aceptó finalmente la adhesión voluntaria de Argelia a su imperio en 1521. La Regencia se consideró entonces un «Estado del Imperio», y Jeireddín Barbarroja fue nombrado beylerbey o emir.

En el Imperio otomano

Dentro del Imperio otomano, el Estado de Argel estaba bajo la obediencia del sultán pero conservaba cierto grado de independencia. El poder fue asumido primero por un beylerbey, hasta 1587, y después por bajás, aghas y deys.

Fortalecida por su relativa autonomía, la Regencia de Argel se enriqueció y se hizo más poderosa. Argel se convirtió en un importante puerto de guerra desde donde se dirigían con éxito expediciones a las costas europeas. Rápidamente se ganó la reputación de ciudad inexpugnable, sobre todo tras la expedición dirigida por Carlos V en 1541, que terminó en desastre ante las puertas de la ciudad y dio al Imperio otomano el control del Mediterráneo frente al Imperio español.

Tras salir victoriosa de numerosos conflictos entre los siglos XVI y XVIII, la Regencia de Argel entró en decadencia a principios del siglo XIX: las guerras napoleónicas obstaculizaron el comercio y ahora eran las potencias extranjeras —las flotas británica y francesa— las que dominaban el Mediterráneo. Al mismo tiempo, tuvo que hacer frente a los levantamientos de ciertas poblaciones que querían poner fin a la Regencia.

Conquista francesa de Argelia

A raíz de un incidente diplomático entre un cónsul francés y Hussein Dey, el dey de Argel, el monarca francés Carlos X montó una expedición en 1827 y estableció el bloqueo de Argel, que duró tres años. En junio de 1830, las tropas francesas desembarcaron en Argel sin la intención oficial de colonizar el territorio. El ejército avanzó rápidamente y, el 5 de julio de 1830, tras las batallas de Staoueli, Chrafa y El Biar, el dey capituló. El 26 de julio, mientras se celebraban en París los Tres Años Gloriosos que pusieron fin al reinado de Carlos X, Bone (Annaba) y Bugía (Bejaïa) fueron sometidas. El gobierno francés, reacio a conquistar Argelia, se limitó a recomendar la liquidación de la autoridad turca que gobernaba sobre los tres millones de habitantes del país. Como París seguía sin tenerlo claro, se redujeron los efectivos militares, los generales iban y venían y la situación se volvió confusa. Así permaneció hasta 1833, cuando el estatuto de Argelia seguía sin estar claro y se discutía en las cámaras del Parlamento de París durante los debates entre «anticolonistas» y «colonialistas».

El 22 de julio de 1834, un decreto real nombró a Drouet d'Erlon primer gobernador general de las «posesiones francesas en el norte de África», encargado de organizar la ocupación de la franja costera en solitario y de mantener las mejores relaciones posibles con los caudillos del interior. El término *Argelia* no aparece en los textos oficiales franceses hasta 1838.

▶ **La resistencia de Abd al-Qadir.** En noviembre de 1832, Abd al-Qadir ibn Muhieddine (1808-1883), de familia aristocrática religiosa sufí, fue elegido emir de las tribus occidentales. Tras un año de incursiones punitivas contra los franceses, su territorio abarcaba toda la provincia de Orán. Firmó dos tratados de paz con los franceses, en 1834 y 1837. Su Estado teocrático tenía como capital Tagdemt y se extendía al sur hasta Biskra y al este hasta la Cabilia. El Tratado de Tafna se rompió en 1839 y se reanudaron los combates. Abd al-Qadir se vio acorralado en 1847 por el mariscal Bugeaud, gobernador de la Argelia francesa, encargado de la conquista total del territorio, y se rindió el 23 de diciembre.

▶ **La conquista de la Cabilia.** Tras la conquista de la antigua Regencia de Argel y la rendición de Abd al-Qadir, Argelia fue declarado territorio francés por la Constitución francesa de 1848. El país se dividió en tres departamentos: Argel, Orán y Constantina. Sin embargo, la región de la Cabilia no reconoció la autoridad francesa y continuó resistiendo. Entre 1849 y 1852, los franceses tomaron la Pequeña Cabilia. La Gran Cabilia quedó sometida en 1857, lo que supuso el fin de la resistencia argelina.

Colonización francesa

Napoleón III desembarca en Argelia el 17 de septiembre de 1860. Tenía grandes planes para el país: quería fundar un «reino árabe» bajo protección francesa. La llegada del emperador supuso una oportunidad para elaborar los planes para el desarrollo del país; los grandes proyectos urbanísticos convirtieron Argel en una de las primeras ciudades «modernas».
La política de Napoleón III fue en general favorable a los nativos, aunque se vio obstaculizada por la resistencia de la población local y de los parlamentarios colonialistas. A partir de 1865, el emperador concedió a los argelinos derechos civiles y políticos, ya fueran musulmanes o judíos. Los judíos argelinos podían solicitar la naturalización francesa, mientras que los musulmanes tenían que renunciar a la poligamia y al divorcio para convertirse en ciudadanos franceses (solo 371 lo hicieron entre 1865 y 1875). Napoleón III también limitó la colonización a la franja costera. Su sueño de un gran protectorado árabe terminó con su imperio en 1870.

▶ **La Tercera República** siguió una política de asimilación, lo contrario de lo que había soñado Napoleón III. Las comunidades francesa y musulmana convivían pero no se mezclaban.
La última gran revuelta tuvo lugar en Argelia en 1871, cuando 150 000 cabilas se sublevaron, pero el levantamiento fue duramente reprimido. A principios del siglo XX, el Gran Sur estaba en proceso de «pacificación». El norte de África pronto estuvo completamente bajo dominio francés.

Las dos guerras mundiales

Los argelinos participaron en todas las grandes batallas libradas por el ejército francés durante la Primera Guerra Mundial. En total, 249 000 habitantes de los tres departamentos franceses de Argelia fueron movilizados por Francia, entre ellos 73 000 colonos y 176 000 autóctonos.
En el período de entreguerras surgieron varios movimientos independentistas: en 1926, Ahmed Messali Hadj creó la Estrella norteafricana, que en 1954 se convirtió en el Movimiento Nacional

Argelino (MNA), y en 1936 se fundó el Partido Comunista Argelino (PCA).

Durante la Segunda Guerra Mundial, el ejército francés volvió a reclutar a argelinos para luchar contra los alemanes: 123 000 musulmanes y 93 000 colonos europeos.

La Operación Torch, el desembarco aliado en el norte de África, tuvo lugar el 8 de noviembre de 1942. Argel fue tomada por la Resistencia, y en particular por los judíos argelinos.

En febrero de 1943, Ferhat Abbas y otros representantes electos publicaron el Manifiesto del Pueblo Argelino, en el que pedían una Constitución que proclamase «la igualdad absoluta entre los hombres, sin distinción de raza ni religión». En junio de ese mismo año, el gobernador general francés aprobaba el proyecto de participación de representantes musulmanes en el gobierno argelino, en un primer momento, y la creación de un Estado argelino en cuanto finalizara el conflicto, pero solo fue una forma de calmar los ánimos.

▶ **La masacre del 8 de mayo de 1945.** Aprovechando un desfile organizado en el departamento de Constantina para celebrar el final de la guerra, los partidos nacionalistas argelinos presentaron sus reivindicaciones. En Sétif, un joven fue asesinado por los disparos de un policía durante una manifestación, lo que acabó en disturbios y acciones mortales, sobre todo en la Pequeña Cabilia, Guelma y Kherrata, antes de que interviniera el ejército.

Los insurgentes asesinaron a unos doscientos europeos. El número de víctimas entre la población autóctona sigue siendo objeto de debate: las estimaciones de los historiadores oscilan entre 5000 y 30 000 muertos. La represión francesa fue indiscriminada y violenta. El 27 de febrero de 2005, Francia reconoció por primera vez su responsabilidad en esta tragedia a través de su embajador en Argel.

Reivindicaciones y guerra de Argelia

En 1946, Ferhat Abbas fundó la Unión Democrática del Manifiesto Argelino (UDMA), que abogaba por la independencia de Argelia.

Una ley aprobada el 20 de septiembre de 1947 concedía la nacionalidad francesa a todos los argelinos nativos. Desde ese momento, pasaban a tener los mismos derechos que los ciudadanos franceses. El 5 de enero de 1948, el PPA-MTLD, en asociación con el Neo-Destour tunecino y el Istiqlal marroquí, fundaron en El Cairo el Comité para la Liberación del Magreb Árabe. En abril, las elecciones a la Asamblea argelina dieron la victoria a los partidarios de la administración francesa, al igual que en las elecciones posteriores de 1951 y 1954.

En la medianoche del 1 de noviembre de 1954, el Comité Revolucionario para la Unidad y la Acción (Comité Révolutionnaire pour l'Unité et l'Action, CRUA), el denominado «grupo de los seis», pasó a la acción organizando simultáneamente una cincuentena de atentados en el Aurés y la Gran Cabilia. Fue el comienzo de los «acontecimientos». La guerrilla urbana y rural del recién creado Frente de Liberación Nacional (FLN) obligó al Parlamento francés a decretar el estado de emergencia el 31 de marzo de 1955.

En mayo, los reservistas retirados partieron hacia Argelia, a los que pronto se unirían 500 000 reclutas, mientras

Pierre Mendès France, presidente del Consejo, negociaba la paz con Túnez y Marruecos, que se independizarían en 1956. La postura general de Francia seguía siendo vaga e indecisa, y las tendencias en Argelia se radicalizaban. En septiembre de 1956, una oleada de atentados se fijó como objetivo los barrios europeos de Argel, inaugurando así la «batalla de Argel», que duraría un año. Se multiplicaban las detenciones y las ejecuciones en suelo argelino. En febrero de 1958, el ejército francés bombardeó un pueblo tunecino, país que servía de base de retaguardia al Ejército de Liberación Nacional (ALN). La destrucción de una escuela y la muerte de sus alumnos indignaron a la opinión internacional, que descubrió también que se estaba haciendo uso de la tortura y la guillotina, denunciado por los intelectuales franceses. La guerra siguió recrudeciéndose en ambos bandos.

El referéndum del 28 de septiembre aprobó la Constitución de la V República francesa, de la que De Gaulle era el primer presidente. El 18 de septiembre de 1959 reconoció definitivamente el derecho de autodeterminación de los argelinos.

El 8 de enero de 1961, un referéndum celebrado en Francia y Argelia aprobó el principio de autodeterminación de Argelia. Los europeos en Argelia, los denominados *pieds-noirs,* se sintieron traicionados y algunos de ellos se rebelaron, apoyando a la recién formada Organización del Ejército Secreto (OAS), creada en febrero. Manifestaciones, contramanifestaciones y ajustes de cuentas entre facciones rivales de todos los bandos se sumaron al tenso clima social y político, que estuvo muy cerca de desembocar en una guerra civil.

A pesar de las instrucciones de la OEA, los *pieds-noirs* empezaron a abandonar en masa la tierra en la que muchos habían vivido siempre, y a menudo durante varias generaciones. Casi un millón de ellos dejaron el país en los meses siguientes.

En el referéndum celebrado en Argelia el 1 de julio de 1962, el 99,7 % de los votantes se pronunció a favor de la independencia, que fue proclamada el 3 de julio. Dos días después se cumplía el aniversario del desembarco de las primeras tropas francesas cerca de Argel en 1830. La fecha se eligió para celebrar un día festivo en Argelia. A partir del 4 de julio, europeos y *harkis* (argelinos empleados como auxiliares en el ejército francés), abandonados por el ejército y las autoridades francesas, fueron secuestrados y masacrados.

Independencia

En septiembre de 1962, Ferhat Abbas fue nombrado presidente (del gobierno provisional) de un país asolado, con pocas personas con capacidad de gestión y donde los ajustes de cuentas seguían siendo la norma. Ahmed Ben Bella recibió el encargo de formar el primer gobierno argelino, cuya política se inspiraría en el socialismo. El árabe se convirtió en lengua nacional, aunque todavía no oficial, y Argelia ingresó en la ONU. El FLN se convirtió en el partido único de un país definido como *república árabe* —aunque los bereberes constituían casi la mitad de la población—, *islámica y socialista*.

En 1963, Ben Bella fue nombrado secretario general del buró político del FLN, dirigido de forma colectiva. Las primeras medidas adoptadas, sin mucho éxito, estaban relacionadas con la centralización, la nacionalización y la reforma agraria. Un referéndum otorgó amplios poderes al nuevo presidente, quien fue depuesto en 1965 en favor del coronel Houari Boumédiène, apoyado por el ejército, que pronto suplantó al FLN. El nuevo presidente formó un Consejo Revolucionario de 26 miembros, al que colocó al frente del Estado, y que lanzó al país a una vasta campaña de industrialización, descuidando la agricultura, a pesar de algunas reformas agrarias. Argelia pronto pasó a depender de las importaciones de alimentos que ya no producía.

La Primavera bereber y la década negra

El árabe había tomado el relevo del francés como única lengua oficial del país hasta que, en 1980, la población de habla bereber, que representaba entre un cuarto y un tercio de la población total, exigió el reconocimiento de la identidad y la lengua bereber. En marzo de 1980, se convocaron numerosas manifestaciones en Cabilia y en Argel para exigir el reconocimiento oficial de la lengua tamazigt. Esta serie de manifestaciones, conocidas como la «Primavera bereber», cuestionaban seriamente la política de arabización. Sin embargo, no fue hasta 2001 cuando el tamazight se convirtió en lengua oficial en Argelia. Tras los disturbios de octubre de 1988, que fueron violentamente reprimidos, en 1989 se promulgó una nueva constitución que reconocía la democracia y el multipartidismo.
En enero de 1992 estalló la guerra civil entre el gobierno argelino y su ejército y varios grupos islamistas, entre ellos

el Grupo Islámico Armado (GIA) y el Movimiento Islámico Armado (MIA). El gobierno interrumpió las elecciones legislativas después de que la primera vuelta de los comicios evidenciara que ganaría el Frente Islámico de Salvación (FIS), que propugnaba la creación de un Estado islámico. Comenzaron una serie de atentados mortales dirigidos contra el ejército y la policía, y más adelante contra civiles. Se declaró el estado de emergencia.
En 1994 fracasaron las conversaciones entre el gobierno y el FIS. Ese mismo año, el GIA declaró la guerra al FIS, mientras que el MIA se unió a él bajo el nombre de Ejército Islámico de Salvación (AIS). En el verano de 1995, el GIA reivindicó la autoría de una serie de atentados en París. Los años 1997 y 1998 vieron el apogeo de las masacres entre el ejército y los grupos islamistas, incluida la masacre de pueblos enteros por parte del GIA.
A principios de 1999, el general Liamine Zéroual anunció la convocatoria de elecciones presidenciales anticipadas. Una calma relativa volvió al país tras una ley que concedía la amnistía a la mayoría de los combatientes. La guerra civil finalizó con la rendición del AIS y el declive del GIA. En diez años murieron o desaparecieron cerca de 200 000 personas, fallecieron 30 000 soldados, un millón de personas fueron desplazadas y se contabilizaron 20 000 millones de dólares en daños materiales.

▶ **La Primavera Negra.** Aunque la situación parecía relativamente tranquila, la Cabilia estalló: se multiplicaron los disturbios en protesta por la prohibición de la cultura bereber, que fueron severamente reprimidos. Más tarde,

DESCUBRE

estos hechos se conocerían como la «Primavera Negra», en referencia a la Primavera bereber de 1980.

El régimen de Buteflika

Tras la deserción del resto de los candidatos en protesta por un fraude electoral, Abdelaziz Buteflika, ex ministro de Asuntos Exteriores de Boumédiène, fue elegido presidente el 15 de abril de 1999. El 8 de abril de 2004 fue reelegido para un segundo mandato. A pesar de los 192 recursos presentados por la oposición, los observadores internacionales declararon que las elecciones se habían desarrollado de forma más o menos democrática. Inversiones extranjeras, amnistías, aparición de una nueva clase media, reformas… el país parecía salir del caos. Pero Argelia iba muy retrasada en sus reformas vitales (banca, escuelas, hospitales, servicios públicos, etc.) y los proyectos, que se aplazaban constantemente, eran titánicos.

El espectro del terrorismo, que se creía lejano, regresó el 11 de abril de 2007. Era la primera vez que terroristas suicidas atentaban en el país. En el verano de 2008 se produjo otra oleada de atentados, sobre todo en el este de Argel.

En abril de 2014, Buteflika fue reelegido por cuarta vez a pesar de la enfermedad que le había debilitado.

En 2019, el anuncio de la candidatura de Buteflika a un quinto mandato presidencial provocó la movilización masiva y pacífica de la población. A partir del 22 de febrero, miles de personas se manifestaron cada semana en las principales ciudades del país. Ante las protestas populares, y bajo la presión del jefe del Estado Mayor del Ejército Nacional Popular, Buteflika dimitió el 2 de abril.

El 12 de diciembre de 2019, Abdelmadjid Tebboune fue elegido presidente de la República de Argelia.

Argelia hoy

La pandemia de la COVID-19 empezó a propagarse en Argelia en febrero de 2020. El 1 de marzo se produjo un brote en la *wilaya* (provincia) de Blida, antes de que la enfermedad se extendiera rápidamente a todas las *wilayas*. Las cifras oficiales situaron el número total de casos en 196 000, con 5269 muertes en agosto de 2021.

Para contener la propagación de la enfermedad, el gobierno tuvo que tomar una serie de medidas sanitarias a partir de marzo de 2020, entre ellas la prohibición de reuniones, el cierre de escuelas, universidades y centros de formación, mezquitas y lugares de culto, la suspensión de los viajes aéreos y marítimos y el cierre de las fronteras terrestres del país. También se establecieron confinamientos parciales o totales a nivel local de marzo a mayo. El 29 de diciembre de 2021 se introducía una tarjeta de vacunación. Por último, se aplazaron numerosos acontecimientos deportivos, culturales y políticos.

Inicialmente previstas para diciembre de 2024, las últimas elecciones presidenciales se adelantaron al 7 de septiembre. El presidente saliente, Abdelmadjid Tebboune, fue reelegido para un segundo mandato con más del 84 % de los votos.

POBLACIÓN

Demografía

Argelia superó en 2015 la barrera de los cuarenta millones de habitantes, y en 2024 alcanzaba los 46,7 millones, el doble que en 1970. Además, su tasa de natalidad es actualmente una de las más altas del mundo: ha pasado del 19,36 ‰ en 2000 al 24,39 ‰ en 2018. Según las estadísticas, a este ritmo la población de Argelia alcanzará los 72,4 millones de habitantes en 2050. Sin embargo, su distribución por edades estará «muy determinada», marcada por un creciente número de personas dependientes (menores de 20 años y mayores de 60). Una mirada a la pirámide de edades muestra que la población argelina es muy joven. Aunque hay unos 18 habitantes por kilómetro cuadrado, la población está repartida de forma muy desigual: el 92 % de los argelinos vive en una sexta parte del país (exactamente el 14 %), lo que plantea grandes problemas tanto económicos (el paro roza el 15 %) como sociales.

Idiomas

El bereber (tamazight) es la lengua más antigua hablada en el territorio argelino. Su origen, posiblemente púnico o libio, es tan discutido como el de sus hablantes. Se calcula que alrededor del 30 % de la población es de habla bereber, distribuida entre el Aurés, la Cabilia, la región de Tlemcen y el Gran Sur con los tuaregs. Durante mucho tiempo, el tamazight solo se utilizaba de forma hablada en el seno de las familias, pero el descubrimiento del *tifinag* en el sur, una antigua forma de escribir el bereber, ha reavivado el interés por la lengua. Antiguamente, solo las personas alfabetizadas hablaban la lengua de los romanos. A partir del siglo VI los musulmanes obligaron a los bereberes a aprender su lengua, a la vez que debían convertirse al islam. Antes de la llegada de los franceses, el turco era el idioma del gobierno, el ejército y la judicatura, pero en la calle se hablaba árabe o bereber, con variaciones de una región a otra. La gente se comunicaba con los europeos utilizando una lengua conocida como «morisco» o «franco», mezcla de español, italiano, francés y varios dialectos locales. El francés se convirtió entonces, traído por los colonos, en la lengua de la Administración y el comercio. El árabe y el bereber quedaron relegados a un segundo plano, e incluso negados, hasta que se convirtieron en símbolo de la resistencia frente a los ocupantes europeos.

A principios de la década de 1979, los gobiernos impusieron la *arabización* del país. Pero los profesores y los gestores de la educación no tenían experiencia con el árabe, pues siempre habían enseñado en francés, así que se trajo a egipcios para relevarlos. El gran problema fue que la lengua utilizada en Egipto era muy diferente del árabe hablado en Argelia y, quizás por rechazo, el francés siguió siendo la lengua vernácula en los hogares y en las calles. Argelia es en la actualidad el segundo mayor país francófono del mundo después de Francia, aunque no es miembro de la OIF, la Organización

Internacional de la Francofonía. Desde julio de 1998 —algo muy reciente—, el árabe es la única lengua oficial. Cuesta creerlo porque casi todos los textos y anuncios públicos se doblan sistemáticamente al francés, y a veces solo se hallan en este idioma. Aunque los jóvenes hablen menos francés, o no lo lean, las generaciones anteriores suelen tener dificultades para leer árabe y se desenvuelven mejor en francés. Así que este idioma sigue estando muy presente en Argelia, sobre todo entre las clases más acomodadas, y no tendrás problemas para comunicarte si lo hablas. En 1995, el Consejo de Ministros decidió introducir el tamazight (bereber) en el sistema educativo como lengua nacional. Desde 2016, el tamazight es la segunda lengua oficial de Argelia, junto con el árabe, y está consagrada en la nueva Constitución.

Estilo de vida

▶ **Salud y sistema sanitario.** Aunque la esperanza de vida en Argelia aumenta constantemente y es superior a la media africana, este dato oculta crecientes dificultades. Los regímenes socialistas establecieron un sistema sanitario accesible a toda la ciudadanía. Incluso, en 1974, el acceso a la sanidad se hizo gratuito para todos. Sin embargo, actualmente es difícil recibir una buena atención médica porque los hospitales están regularmente saturados, algunos medicamentos son imposibles de conseguir y la mayoría son bastante caros para el argelino medio. En el campo, la gente suele recurrir a la medicina tradicional y a las plantas. Los problemas de salud endémicos son la diabetes, la hipertensión y la malnutrición.

▶ **Parejas y matrimonio.** Aunque los matrimonios concertados son cada vez menos frecuentes, los padres siguen expresando su opinión cuando una joven pareja se conoce sin intermediario y, si es necesario, rechazan a los tortolitos. Sin embargo, cuando un joven pide la mano de una chica, ella tiene todo el derecho a negarse, incluso después de que las respectivas familias se hayan presentado... Las mujeres argelinas tienen, por tanto, mucha más libertad que en el pasado. Lo que a menudo plantea un problema en el contexto de una futura unión es la situación material: por un lado, la falta de vivienda y de trabajo para los hombres jóvenes y, por otro, las jóvenes instruidas que consideran que su futuro profesional es al menos tan importante, si no más, que el matrimonio, y buscan mejores parejas. Como consecuencia, en Argelia se celebran menos matrimonios y más tardíos. Si alguna vez tienes la oportunidad de asistir a una boda en este país, disfrutarás de una gran experiencia.

© BRUNO M PHOTOGRAPHIE - SHUTTERSTOCK.COM

Parque Beyrouth, en Argel.

Gran Mezquita de Argel.

La unión se celebra con la familia y los festejos nupciales duran una semana.

▶ **Mujeres.** Con la guerra de liberación —en la que participaron las mujeres—, la independencia y la construcción nacional del socialismo, el lugar de la mujer en la sociedad argelina evolucionó considerablemente, pasándose de una concepción más bien arcaica a un reconocimiento más moderno. Hubo un retroceso a principios de la década de 1980, cuando el gobierno de Chadli Bendjedid reaccionó ante el auge del integrismo islámico y promulgó, en 1984, un Código de Familia que convertía a las mujeres en eternas menores de edad. A pesar de una Constitución que reconocía el principio de igualdad entre hombres y mujeres, este código, basado en la ley coránica, oficializaba su inferioridad con respecto a los hombres. Muchos movimientos sociales actuales se preocupan por la visibilidad de la mujer en la sociedad. Sin embargo, el «nuevo» Código de Familia presentado por Buteflika en marzo de 2005 está en línea con el anterior. Aunque ahora las mujeres pueden solicitar y obtener la custodia de sus hijos y, por tanto, del domicilio conyugal en caso de separación, solo pueden solicitar el divorcio en algunos casos específicos.

Religión

El islam es, según la Constitución de 1996, la religión oficial de Argelia. Pero los lazos del país con el islam han tenido una historia accidentada. Tras la independencia, las autoridades socialistas combatieron la práctica religiosa con tal vigor que las barbas y los bigotes casi desaparecieron de la moda masculina, siendo el rostro lampiño la mejor manera de mimetizarse con el ateísmo imperante. A principios de la década de 1980, los ecos de la revolución iraní llegaron a oídos de algunos imanes y de hábiles oradores, alentados por las ideas político-religiosas de los Hermanos Musulmanes y el evidente declive de los sistemas socialistas en todo el mundo. La población, a la espera de días mejores, pronto se enamoró de las encendidas prédicas de los imanes que reclamaban un mundo mejor regido por la *sharia,* lo que llevó a los islamistas al poder y a la década negra de los noventa del pasado siglo.

ARTE Y CULTURA

Arquitectura

De su turbulenta historia, Argelia ha conservado diversos estilos arquitectónicos bien definidos, que deben entenderse en función de sus orígenes históricos y geográficos. Desde dólmenes, bazinas (mausoleos bereberes), ciudades y monumentos romanos y arabo-islámicos hasta los proyectos argelinos de Le Corbusier, la Argelia actual muestra unos paisajes urbanos y unos conjuntos monumentales que reflejan influencias de Oriente Próximo, africanas, mediterráneas y, por último, coloniales.

La Antigüedad estuvo marcada por los reinos bereberes-númidas, cuyas huellas se encuentran en tumbas y mausoleos (bazinas, Médracen o el Mausoleo real de Mauritania) y en algunas ciudades en ruinas (Tiddis), y después por la civilización romana, que produjo ciudades (Timgad, Theveste, Lambaesis, etc.) unidas por una densa red viaria, mientras que las redes hidráulicas optimizaban la explotación de los recursos agrícolas. A partir del siglo VII, el islam dejó su impronta en la arquitectura del Magreb con la construcción de ciudades encajonadas dentro de murallas defensivas, en cuyo centro se hallaban el mercado y la mezquita, y de las que quedan magníficos ejemplos (Tlemcen, Nedroma, Argel, etc.), a menudo cercanos a la arquitectura andalusí por su sencillez exterior y la riqueza de su decoración interior. En el siglo XVI, la conquista española y el establecimiento de la Regencia otomana abrieron una nueva era en el urbanismo argelino, con un

© MTCURADO

Arquitectura en Orán.

© CORRADO BARATTA – SHUTTERSTOCK.COM

nuevo estilo expresado en mezquitas y palacios. A mediados del siglo XIX, la conquista colonial francesa sustituyó numerosos edificios de inspiración turco-veneciana por construcciones de estilo occidental. Se pueden distinguir cinco etapas: el período de la conquista, que supuso la transformación del urbanismo arabo-musulmán y la creación de ciudades y pueblos coloniales; el período del «triunfo colonial» (1860-1890), con la construcción de edificios de estilo metropolitano en las grandes ciudades; la etapa neomorisca (principios del siglo XX); el movimiento moderno de la década de 1930, seguido de la llamada *escuela de Argel,* inspirada por Le Corbusier, Pouillon y Perret; y la vivienda social con los años Chevalier y el plan de Constantina (1959). En las décadas de 1960 y 1970 se construyeron importantes equipamientos hospitalarios, escolares y hoteleros, pero la acuciante demanda de vivienda social, dramáticamente incrementada en las ciudades por el crecimiento demográfico y el éxodo rural, se satisfizo con edificios prefabricados o «de montaje rápido».

Artesanía

¿Qué debes traer de tu viaje? Joyas cabilias, alfombras hechas a mano, bandejas o teteras de cobre, jarrones de cerámica, bolsos de cuero, babuchas… La artesanía argelina ha estado olvidada durante mucho tiempo, pero ahora busca nuevas vías de expresión a través de asociaciones o festivales locales como el de las alfombras de Gardaya. Si bien algunas prácticas tienden lamentablemente a desaparecer —como es el caso de la latonería—, otros oficios, como la tejeduría, la alfarería en Cabilia, la marroquinería en el sur y la orfebrería se perpetúan. En la capital hay algunas tiendas de artesanía, pero las piezas más interesantes pueden encontrarse en los zocos de las ciudades del sur. No te los pierdas. Y no olvides hacerte con una cajita de pasteles orientales para prolongar tu viaje culinario cuando regreses a España. Cada región y ciudad tiene sus propias y deliciosas especialidades.

Cine

Durante mucho tiempo bajo dominación francesa, el cine argelino se reveló al mundo a mediados del siglo pasado a través de grandes películas como *La batalla de Argel*, *Crónica de los años de fuego* o *Z*, del director Costa-Gavras. Aunque la compleja historia del país ha dejado huella en sus producciones cinematográficas, la diversidad de las obras que han surgido bien merece una mirada más atenta. El séptimo arte argelino se compone de documentales, dramas, musicales, directoras de talento y cineastas de renombre. Argelia es un país que ha hecho soñar a productores y directores de todo el mundo y ha acogido a grandes nombres como Bertolucci, Antonioni y Cecil B. DeMille, o también el rodaje de grandes películas, como *Patton*. Un dinamismo y una energía que pueden verse hoy en obras como *Papicha, sueños de libertad* (2019), *Cigarro de miel* (2020) y en el legado de cineastas como Maïwenn y su película *ADN* (2020), en la que explora sus orígenes argelinos.

Literatura

▸ **Nacimiento de la literatura en lengua árabe.** La historia del norte de África comienza con los libios, los bereberes y, sobre todo, los púnicos, con bastante producción escrita. Pero la historia literaria de la región se inicia tras la caída de Cartago con los grandes escritores procedentes de África: Apuleyo, Tertuliano y san Agustín. En el siglo VIII,

el Magreb se convirtió en una provincia árabe. La actividad cultural, que consistía esencialmente en la redacción erudita de tratados de filosofía religiosa, política o científica, relatos de viajeros, crónicas y memorias, se concentró en dinámicos centros de influencia de literatos árabes, bereberes o andalusíes, como la nueva ciudad de Cairuán en Túnez, Tlemcen y Bugía en Argelia o Fez, Mequínez y Marrakech en Marruecos. Los grandes hombres de letras no nacieron en Argelia, pero a menudo pasaron temporadas allí, como Ibn Jaldún, nacido en 1332 y precursor de la historiografía árabe, o Ibn Battuta, cuyos largos relatos geográficos describen Oriente, Asia Menor, China, Rusia y el África negra de la época, a veces con fantásticos detalles.

▸ **Literatura francesa y árabe durante la colonización.** De la ocupación francesa en el siglo XIX se conocen los relatos y ficciones escritos por autores franceses que nacieron, vivieron o viajaron a Argelia (Guy de Maupassant, Pierre Loti, Théophile Gautier, Eugène Fromentin, André Gide, Isabelle Eberhardt). Aunque hacia 1890 los literatos locales (Si M'Hamed Ben Rahal) produjeron algunos escritos que imitaban los códigos europeos, solo surgió realmente una figura de la literatura árabe, el emir Abd el-Kader. La ciudad de Argel fascinó a los escritores de viajes, que le dedicaron numerosos relatos. Hacia 1935, el «argelianismo» fue superado por la Escuela de Argel. Más universal, reunió a Albert Camus (*Bodas*, 1939), Emmanuel Roblès, Jules Roy, Jean Pélégri y Gabriel Audisio en torno al joven editor Edmond Charlot y su librería-galería Les vraies Richesses, en la calle Charras de Argel.

▶ **De la emergencia de una literatura autóctona a la afirmación de una literatura argelina comprometida.** Al mismo tiempo, varios autores argelinos francófonos se daban a conocer escribiendo sobre la vida de sus comunidades. Pero no fue hasta 1945-50, con la afirmación de la identidad y la cultura argelinas, negadas hasta entonces, cuando surgió realmente una literatura argelina en la que la investigación estética se hizo sensible. Destacaron los escritores cabileños Jean Amrouche (*L'éternel Jugurtha,* 1946), Mouloud Feraoun (*El hijo del pobre,* 1950) y Mouloud Mammeri (*La colina olvidada,* 1952), así como Mohamed Dib (*La grande maison,* 1952). Kateb Yacine marcó una ruptura en 1956 con su enigmática y compleja novela *Nedjma,* que anunciaba una literatura más madura y «comprometida», de la que más tarde darían ejemplo, en particular, Malek Haddad (*Le Quai aux fleurs ne répond plus,* 1961), Assia Djebar (*La sed,* 1957) y Djamel Amrani. Los últimos años de la guerra de Argelia también estuvieron marcados por los relatos de Frantz Fanon, escritor y psiquiatra afincado en Blida, figura destacada de la lucha anticolonial, que analizó las consecuencias psicológicas de la colonización en los colonizados. En 1961, poco antes de su muerte, publicó *Los condenados de la tierra,* manifiesto de la revuelta anticolonial.

Assia Djebar y Frantz Fanon son dos de los autores argelinos más fáciles de encontrar en las estanterías de las librerías españolas. Ambos son imprescindibles si se desea conocer el país antes de partir de viaje.

▶ **Independencia y cuestiones lingüísticas.** Con la independencia, los escritores, que en su mayoría utilizaban la lengua del colonizador, se enfrentaron a un dilema: seguir escribiendo en francés o renunciar a ello como hizo Malek Haddad.

Escritores argelinos francófonos como Mouloud Feraoun, Mouloud Mammeri, Mohamed Dib, Malek Ouary (*La Robe kabyle de Baya,* 2000), Kateb Yacine, Jean Sénac, Anna Greki y Jean Pélégri, que permanecieron en Argelia después de 1962, siguieron escribiendo en francés. Muy pocos lo hicieron en árabe. Kateb Yacine escribió sus obras en árabe dialectal para hacerlas accesibles al mayor número posible de lectores.

▶ **Vuelta al realismo y a la escritura de urgencia.** En la década de 1980, la amargura, la desesperación y la sensación de haber sido maltratados, sentimientos compartidos por los argelinos que se habían quedado en su país y los que habían emigrado, empezaron a impregnar la literatura argelina. A partir de finales de esa década, la literatura subversiva y moderna dio paso a una literatura realista y cruda, a través de la cual una nueva generación de escritores francófonos y arabófonos dejó su impronta, como Rachid Boudjedra (*El repudio,* 1969), Nabile Farès (*Yahia, pas de chance,* 1970, *L'Exil au féminin,* 1986), Mourad Bourboune (*Le Muezzin,* 1968), Yamina Mechakra (*La grotte éclatée*), Tahar Djaout (*L'Exproprié,* 1981), Rachid Mimouni (*Tombeza,* 1984), Rabah Belamri (*Femmes sans visage,* 1992), Malika Mokeddem (*La prohibida,* 1993). En la década de 1990, las contradicciones de una sociedad esquizofrénica y el terror que se vivía a diario se convirtieron en los temas dominantes de los escritores llamados «de emergencia»:

Abdelkader Djemaï, Aïssa Kelladi, Mohamed Kacimi, Habib Tengour, Malika Mokeddem o Boualem Sansal. Yasmina Khadra inauguró la novela negra con *Morituri* (1997) y *Los corderos del Señor* (1998).

▶ **Literatura contemporánea.** Los autores contemporáneos siguen los pasos de sus predecesores, retratando la mortificante e inquietante realidad actual, a menudo con verdadero éxito: se dice que Yasmina Khadra (*Lo que el día debe a la noche, El atentado, La última noche del raïs…*) es uno de los escritores más traducidos del mundo, mientras que en 2015 Boualem Sansal fue galardonado —¡entre otros premios! — con el Gran Premio de Novela de la Academia Francesa por *2084. El fin del mundo*, un libro de una lucidez pasmosa, editado en España por Biblioteca Formentor. Ese mismo año Kamel Daoud ganó el Premio Goncourt de primera novela por *Meursault, caso revisado.* Y apenas diez años más tarde, en 2024, recibió el Goncourt por *Huríes*, una novela que evoca las consecuencias de la guerra civil. Por último, Nina Bouraoui (*Mis malos pensamientos, La voyeuse interdite…*), de madre bretona y padre argelino, y Kaouther Adimi (*Les Petits de décembre, Nos richesses…*), nacida en 1986 en Argel, han alzado la voz de las mujeres.

Boualem Sansal fue condenado en 2025 a cinco años de prisión por su postura crítica con el régimen argelino, al que califica de «prisión a cielo abierto».

Música

En 2022, el presidente francés Emmanuel Macron, entonces de viaje oficial en Argel y Orán, aprovechó su estancia para pasar una hora en Disco Maghreb, una tienda y sello discográfico de rai oranés que se había convertido en un indispensable en las décadas de 1980 y 1990. El motivo de la visita del presidente francés no era puramente musical, sino simbólico. El lugar era el centro neurálgico de un género musical que sigue siendo uno de los mayores embajadores de Argelia. Es un recordatorio elocuente del papel central que desempeña la música en la sociedad, la identidad y la cultura argelinas. El amor de Argelia por la música es sin duda lo que hace que la producción musical del país sea tan especial, una mezcla de singularidades y similitudes con sus vecinos. Si bien Argelia, al igual que Marruecos, es una de las grandes patrias de la música arabo-andaluza, ha desarrollado sus propias escuelas específicas y ha dado lugar a subgéneros que han cobrado importancia. Ya sea la música arabo-andaluza, la música urbana (*chaâbi* en Argel, rai en Orán, etc.), la canción cabilia, el *ahallil* de Timimoun, el *tindé* del Ahaggar o la canción beduina, la música argelina en toda su diversidad es el producto de diversas influencias, tanto étnicas como religiosas, y ha desempeñado un papel esencial en la vida cotidiana, marcando el ritmo de los acontecimientos, tanto felices como desgraciados, desde los tiempos más remotos.

Pintura y artes gráficas

Caligrafía

Puesto que el islam prohíbe toda representación de lo vivo, los artistas musulmanes se expresaron por primera vez a través de la ornamentación floral y geométrica, pero aún más a través de la caligrafía. Se afirma que el Profeta dijo que «la escritura bella pone de manifiesto la verdad». Muy respetados, los calígrafos decoraban los lugares de oración con extractos del Corán, siguiendo diferentes estilos o escuelas, y luego los textos adornaban la cerámica o los azulejos.

Cerámica

Con motivos geométricos o florales aceptados por el islam, predominantemente azules y ocres, la cerámica encontró su lugar en casas y palacios a partir del siglo IX d. C. Desgraciadamente, quedan pocos ejemplos de este período, pero los restauradores se esfuerzan por perpetuar este arte decorativo.

Dibujo

Dado el dinamismo de la Escuela Superior de Bellas Artes de Argel, es fácil adivinar que la tradición pictórica está muy viva en Argelia, aunque no se vea mucho por la calle. Sin embargo, es quizás a través de las viñetas de prensa como mejor se descubre esta forma de expresión. Cada periódico tiene su caricaturista, aunque el más conocido sigue siendo Ali Dilem, dibujante del diario *Liberté* que también trabaja para la cadena internacional francesa TV5 Monde.

En Orán, en el café literario y artístico Le Manifeste, se pueden descubrir numerosas obras de jóvenes dibujantes de la ciudad.

Tradiciones

La fantasía, cada vez menos frecuente pero que se sigue organizando en Tiaret, es un espectáculo en el que los jinetes, ataviados con sus mejores galas, protagonizan una carga heroica montados en sus fieles corceles (a su vez adornados con suntuosos arneses y decoraciones multicolores), acompañados por los aullidos de las mujeres del público y el olor a pólvora de las *moukkalas*, los largos rifles incrustados de joyas que se disparan hacia el cielo (*baroud*)…

Se puede asistir a una fantasía durante un *mussem*.

DESCUBRE

© OLEGMALYSHEV – ISTOCKPHOTO.COM

FIESTAS

Enero

■ YENNAYER
ARGEL

Es el año nuevo bereber. El término proviene de *yiwen* (primero) y *ayer* (la Luna). Se celebra el primer día del calendario agrario que utilizan los bereberes, basado en las estaciones y los astros. La fecha corresponde, pues, al primer día del año en el calendario juliano y al 14 de enero en el gregoriano, aunque en algunas regiones tiene lugar el 12 o el 13. Esta antigua fiesta celebra el éxito de la labranza y la siembra. Es una festividad muy popular y de gran convivencia, en la que no faltan platos y juegos tradicionales, así como reuniones y actos familiares.

Marzo

■ FIESTA DEL DÁTIL
TOUGGOURT

Se celebra en marzo o abril, durante el período de fecundación de la palmera datilera. Carreras de camellos.

Junio

■ FESTIVAL DE TEATRO AMATEUR DE MOSTAGANEM
MOSTAGANEM

Creado en 1967, el festival nacional de teatro *amateur* es el acontecimiento cultural más antiguo de África y del mundo árabe. En el Teatro regional y en la Casa de la cultura Ould-Abderrahmane-Kaki se presentan obras de compañías procedentes de toda Argelia. El festival suele reunir anualmente a más de cuatrocientos participantes bajo diferentes lemas.

Julio

■ FESTIVAL INTERNATIONAL DE MALOUF
CONSTANTINA

Tras varios años de ausencia, este festival de la canción arabo-andaluza vuelve a Constantina. Las apariciones de Mohamed Tahar El-Fargani, maestro indiscutible de la canción arabo-andaluza, fueron antaño uno de los platos fuertes del evento. Además de conciertos, el festival incluye conferencias, concursos, talleres y mucho más. En 2024, una exposición fotográfica que recorría la historia del festival rindió homenaje a sus fundadores, que lo crearon en 1967.

■ FIESTA DE LA INDEPENDENCIA
ARGEL

Se celebra el aniversario de la independencia de Argelia frente a los franceses, que tuvo lugar el 5 de julio de 1962. Con ceremonias, desfiles militares, bandas de música, canciones patrióticas, conciertos, concursos, espectáculos y fuegos artificiales, el país se llena de fiesta y todos los pueblos participan en las celebraciones. Los festejos son tan simbólicos como la fecha que marcó la historia de Argelia. Cada año, el rico programa incluye actividades culturales, deportivas e históricas… Es un momento de alegría y orgullo para los argelinos.

Fiesta del dátil.

Agosto

■ **FESTIVAL INTERNACIONAL DE DANZAS POPULARES DE SIDI BEL ABBES**

El festival, que celebró su vigésimo aniversario en 2024, muestra danzas populares de Argelia y de una docena de países a través de diversos espectáculos. Este acontecimiento cultural hunde sus raíces en la tradición de la *wilaya*. Es una oportunidad para descubrir coreografías, ritmos y trajes tradicionales mientras se disfruta de un ambiente único en la ciudad. Una puesta en escena del patrimonio artístico y popular.

Octubre

■ **FESTIVAL INTERNACIONAL DE CINE ÁRABE DE ORÁN**

ORÁN

Tras un paréntesis de varios años, este importante acontecimiento para todo el mundo árabe se reanudó en 2024. Reúne a profesionales de la industria cinematográfica al tiempo que da a conocer los atractivos turísticos de la ciudad. Su objetivo es mostrar las últimas producciones del cine árabe. El programa incluye proyecciones, debates, conferencias y concursos de documentales, cortometrajes y largometrajes. Al final del festival, el jurado concede el Wihr de Oro a la mejor película.

Noviembre

■ **FIESTA NACIONAL**

ARGEL

Se conmemora el estallido de la insurrección del FLN, que tuvo lugar el 1 de noviembre de 1954 en todo el país. El acontecimiento se celebra de forma más sobria que el día de la Independencia, con exposiciones dedicadas a la guerra de Argelia y ceremonias conmemorativas. En 2024, con motivo del 70.º aniversario del inicio de la revolución, el gobierno dio a este día festivo un gran protagonismo, con un ambicioso programa para recordar el sacrificio de los Chouhara, además de la libertad y la independencia.

DESCUBRE

En un país ante todo mediterráneo, la cocina argelina ha integrado toda una serie de influencias —cocina bereber, toques de cocina mediterránea y judía, sabores otomanos, algunos acentos de la cocina española y francesa—, de modo que al primer bocado uno cree reconocerla. Aunque la cocina argelina es muy parecida a la de Marruecos o Túnez, se caracteriza por el uso desenfrenado de hierbas y condimentos que le dan todo su sabor. Pero cada región, cada familia, tiene su especialidad, ya sea original o derivada de una base común a los cuatro puntos cardinales del país, como el *cuscús con habas* en la región de Argel, el *cuscús de cebada* (*d'chich* o *belboula*) en Jijel, las preparaciones ligeramente más picantes en la región de Annaba y en el Aurés, la sopa de trigo verde en el sur, etc.

Productos y especialidades

▶ **Cuscús.** *Cuscús* es el nombre que recibe la sémola de trigo duro, que antiguamente se enrollaba a mano y se cocía al vapor. Es el rey de la cocina norteafricana, y Argelia no es una excepción. Los rellenos varían de una región a otra. Los más difíciles de cocinar son el *cuscús con salsa blanca* o el *cuscús de pescado*. El *cuscús cabileño* (*amakfoul*) no contiene carne.

▶ **Chorba.** Es una sopa tradicional que se utiliza para romper el ayuno del ramadán (*f'tour*). Se elabora con carne de cordero, verduras, hierbas aromáticas, especias y tomates, y se cuece a fuego lento durante varias horas. En el último momento se añade un puñado de *maktfah* (fideos enrollados a mano) o *frik* (granos de trigo triturados, bulgur). En algunas variantes se añade una yema de huevo, perejil de hoja plana, cilantro (casi imprescindible) o menta, limón… ¡y *harissa*! En el sur se prepara una deliciosa *chorba* de trigo verde. La *hrira* (o *harira*) es una sopa de verduras molidas espesada con masa madre, arroz o guisantes partidos, que se elabora en el oeste del país.

▶ **Burek.** Los *bureks* son pasteles de hojaldre hechos con láminas de *dioul* rellenas de un preparado a base de puré de patatas, pero también de atún, gambas, espinacas, pollo, carne picada, etc., y dobladas en forma de triángulo o cuadrado, o bien enrolladas.

▶ **Tchektchouka.** Plato tradicional del este de Argelia (no confundir con la *chakchouka*, que es una especie de pisto con huevos) consistente en una densa *kesra* (oblea) desmenuzada en una salsa de tomate, carne y garbanzos. Es pesado y requiere mucha preparación, ¡pero está delicioso! La versión de postre de esta receta es la *taguella*, una empanada más gruesa, cocinada bajo las brasas en la arena y acompañada normalmente de una salsa de cordero con tomate y verduras frescas (cebollas, patatas, zanahorias, guindilla, etc.) o de una salsa elaborada con mantequilla de cabra. Las *tridas* o *rechta* argelina, pasta casera elaborada con sémola fina y harina, son una variante de la *tchektchouka*.

Otros platos. Las carnes más populares son el pollo, el cordero y la oveja, preparados en salsas, albóndigas, tajines (cocidos a fuego lento), a la parrilla o asados (*méchoui*). Siempre que es posible, la casquería (hígado, sesos, callos, lengua, corazón, etc.) se asa en brochetas para compensar el elevado coste de la carne.

La *calentica* de Orán, *calentita* o *garantita* en Argel, es un pastel espeso y esponjoso elaborado con harina de garbanzos. Se vende en la calle y se come mucho al mediodía. Como es de suponer, su nombre procede del español «caliente».

La repostería es muy popular, sobre todo durante el ramadán, cuando es prácticamente lo único que encontrarás en las tiendas, sobre todo porque cada región, e incluso cada ciudad, tiene sus propias especialidades deliciosas elaboradas con sémola o harina, en las que predominan la miel, el azahar y las almendras, dátiles o cacahuetes. No dudes en probar los *baklawa, makrout, griouech* (rosquillas rectangulares con miel y sésamo), *samsa* (triángulo relleno de pasta de almendra), *z'labiya* (rosquilla en espiral muy grasa) o los deliciosos «cuernos de gacela», a menos que prefieras las suculentas tortitas de sémola con sirope de miel y agua de azahar (*beghrir* en Argel o *ghrayef* en Jijel), acompañadas de té a la menta o de un pequeño *kahwa*.

El pan. Parte muy importante de la dieta argelina, el pan se consume en diversas formas (redondo o *baguette*), elaborado con sémola o harina, con o sin levadura, pan seco o *brioche,* y también cubierto de semillas aromáticas (anís, sésamo, etc.). Los panes argelinos son sabrosos, por lo que merece la pena probarlos.

Baghrirs.

La *kesra* (*aghroum tajine* en cabilio) es una deliciosa torta de sémola de trigo o cebada, redonda y plana, fina y densa o gruesa y esponjosa, que se come como pan o desmenuzada en una salsa. Cocinada en la arena caliente del hogar, es la *taguella* de los tuaregs.

Bebidas

Leben o **l'ben.** Leche fermentada, tradicionalmente en piel de cabra, hoy en briks. Refrescante en verano.

Agua. «Del agua viene toda la vida», dice el Corán. En las grandes ciudades se puede beber agua del grifo siempre que se tolere su sabor característico. En los manantiales de los pueblos y los oasis, el agua sabe mejor pero puede causar problemas intestinales… Hay botellas de agua mineral (normalmente llamada *saïda*) en todas partes, a menudo de las marcas Ifri, El-Goléa o Lalla Khadidja, que casi se han convertido en nombres genéricos.

DESCUBRE

▶ **Zumos de fruta y refrescos** (*gazouz*). Existe una amplia gama de zumos de fruta. Los más conocidos son Toudja e Ifri o N'Gaous y Orangina, que son con gas. En cuanto a los refrescos, Coca-Cola, Pepsi y Fanta vienen en todas las variedades, como en todas partes, pero las marcas locales, como la famosa Hamoud Boualem (Selecto o Slim), no tienen nada que envidiarles.

▶ **Café.** No hay café turco, sino un expreso ligeramente fuerte —casi siempre robusta—, a menudo servido en vaso y con leche (*noss-noss*, «mitad y mitad»). Introducido por los turcos, el café moruno tradicional era una sala rectangular con las paredes forradas de esteras y una estufa al fondo. Allí, entre las brasas y las cenizas calientes, el tabernero de la época preparaba un delicioso café, más o menos endulzado con cardamomo. Fuera, a ambos lados de la puerta, unos bancos permitían a los clientes, sentados al estilo turco, disfrutar del movimiento en la calle mientras fumaban narguile. Como en la mayoría de los países mediterráneos, los cafés son el centro de la vida social y suelen estar frecuentados por hombres. Sirven principalmente café, té, refrescos y, al caer la noche, infusiones de verbena.

▶ **Té.** La mayoría de la gente bebe té verde. En el norte se bebe té *argelino,* suave y dulce, *enjuagado* para quitarle el amargor y aromatizado con menta. En el desierto, el té se hierve durante mucho tiempo sobre brasas en teteras metálicas de colores (azul, rojo o verde). Tradicionalmente se sirven tres tés, y se dice que el primero es tan fuerte como la muerte, el segundo, dulce y a veces aromatizado con menta, tan suave como el amor, y el último, tan ligero como la vida. Si el amargor del primer té te echa para atrás, dilo francamente, o argumenta que tienes el estómago delicado.

▶ **Vino.** Probablemente traída a Argelia por los fenicios, la vid se cultivó muy pronto en el país, sobre todo por los romanos, para comer las uvas o para elaborar vino. Pero solo con la colonización francesa, que introdujo nuevas variedades de uva del sur de Francia y de España, y nuevos métodos de vinificación, la producción pudo alcanzar la calidad que aún hoy reconocemos. Hacia 1950 la viticultura argelina cubría cerca de 400 000 hectáreas, y la región o, más bien, la familia Borgeaud, que poseía prácticamente el monopolio, exportaba veinte millones de hectolitros de vino, es decir, casi el 50 % de las exportaciones, lo que preocupaba a los viticultores de la Francia continental.

Tras la independencia, la viticultura continuó, pero el consumo hasta entonces limitado a los europeos y una política de reconversión destinada a circunscribir los viñedos a las laderas y las montañas para favorecer una producción de calidad, provocó el arranque de miles de hectáreas de vid, principalmente en la región de Mitidja. En los últimos años se han abierto nuevos mercados gracias a la producción de vinos de cultivo ecológico, caracterizados por su color intenso, alto contenido de alcohol y de extracto seco y aromas diversos. Aunque el alcohol está prohibido por la religión, se puede adquirir legalmente, sobre todo cerveza (*tango*) y vino, pero las bebidas alcohólicas son mucho más escasas en las zonas rurales de Argelia que en las grandes ciudades costeras.

DEPORTES Y OCIO

Fútbol

En este país cualquier lugar es bueno para jugar al fútbol: descampados, calles, playas… Hay balones en todas partes. El fútbol forma parte del ADN argelino. Incluso antes de convertirse en un Estado independiente (en 1962), Argelia ya contaba con una selección nacional de fútbol. En 1958, varios jugadores, encabezados por la gran estrella de la época, Rachid Mekhloufi, formaron un equipo bajo los auspicios del Frente de Liberación Nacional (FLN). Los «Once de la Independencia» emprendieron entonces una gira mundial de unos ochenta partidos, sobre todo por Europa, Asia y África, para internacionalizar la causa argelina. Argelia siempre se ha considerado una nación con buen fútbol, y ha contado con jugadores que han brillado en la escena internacional. En la Copa del Mundo de 1982, los Fennecs, como se conoce a la selección nacional, vencieron a la República Federal de Alemania (2-1), entonces vigente campeona de Europa, en el estadio del Molinón de Gijón.

© JEAN-PAUL LABOURDETTE

En 1990, el legendario Rabah Madjer y sus compañeros ganaron la primera Copa Africana de Naciones (CAN) de su historia, en casa, en el enorme estadio 5 Juillet 1962 de Argel. Privados de emociones futbolísticas debido a la situación de inseguridad en el país en la década de 1990, los Fennecs regresaron por fin a un Mundial en 2010, al grito de un famoso cántico que se ha hecho ineludible: «¡One, two, three, viva l'Algérie!». Cuatro años más tarde, en Brasil, El-Khedra («La Verde») alcanzó los octavos de final del Mundial. Pero fue en 2019 cuando el país volvió a vivir una emoción indescriptible al levantar su segunda Copa Africana de Naciones, tras su victoria sobre Senegal (1-0) en El Cairo. ¡Qué explosión de alegría en Argelia y para los argelinos de todo el mundo! Los jugadores de la selección nacional de fútbol se convirtieron en auténticos héroes, y los Fennecs en la encarnación del nacionalismo argelino. Nacido en Sarcelles, cerca de París, Riyad Mahrez, ex-centrocampista del Manchester City y actualmente en el Al-Ahli Saudi F. C., es probablemente el jugador más popular del equipo de los Fennecs en la actualidad. Argelia participará en el mundial de 2026, que se juega en Estados Unidos, México y Canadá.

Senderismo y trekking

El sur de Argelia es un destino muy popular entre quienes planean viajes para practicar senderismo, principalmente por el Sáhara.

Cerrado a los turistas durante muchos años, el mítico desierto vuelve a estar en la agenda de los operadores turísticos y las agencias receptivas. Naturalmente, para disfrutar al máximo del oasis de Djanet o de las dunas de Tassili n'Ajjer es necesario contratar los servicios de un guía. En cuanto a la organización, hay *trekkings* que son caminatas seguidas por camellos de carga, excursiones en dromedario y las más cómodas excursiones en 4×4 que permiten ir más lejos y caminar (un poco). El invierno es la mejor época para evitar el calor durante un día de caminata.

Nadar y descansar

Si te encuentras en Argelia este verano, ¡la playa es sin duda tu destino! Con 1600 kilómetros de costa, hay mucho donde elegir, y cada playa es tan bella como la siguiente. Y la mejor noticia es que el verano es largo: podrás bañarte fácilmente hasta finales de octubre. Desde las playas cristalinas de Orán y Tipasa hasta las bonitas calas de Mostaganem y Jijel, bañarse aquí es puro placer. Sin embargo, para las mujeres que deseen bañarse en bikini es aconsejable dirigirse a las playas o calas privadas de los hoteles. Para practicar vela y windsurf, ve a Sidi Fredj, una playa famosa por su excelente escuela de vela.

Submarinismo

El fondo marino argelino está mucho mejor conservado que el de otros países mediterráneos, simplemente porque ha sido poco explotado y se halla mucho menos contaminado. Se puede practicar submarinismo en buenas condiciones en el complejo hotelero Corne d'Or, en Tipasa, así como en el cabo de Tenés a través de la Maison du plongeur (Casa del Submarinista). Bugía y Annaba también ofrecen interesantes posibilidades. El Parque Nacional de Taza cuenta igualmente con buenos puntos de inmersión. Esta zona protegida de aguas cristalinas suele recibir la visita de tortugas marinas y delfines. No muy lejos de la frontera con Túnez y de Tabarka, los fondos marinos también son interesantes, por sus túneles rocosos y por los grandes bancos de meros que frecuentan estas aguas.

Hamam

El hamam («calentar»), heredero de los baños romanos, tiene una importante función social. La gente va allí a lavarse, pero también a conocer a otras personas y charlar. Tradicionalmente situado cerca de las mezquitas, sigue representando la purificación esencial antes de la oración colectiva. Según la hora del día, el hamam está estrictamente reservado a hombres o a mujeres. No existe un buen *baño moruno* sin un enérgico masaje de todo el cuerpo con un guante rasposo (*kiss* o *kess*): ¡evítalo si tienes la piel sensible y reactiva! Este tratamiento, una auténtica exfoliación, liberará tu cuerpo de toda la piel muerta y la suciedad. Tras pasar por la sauna, que puede resultar agotadora, las mujeres acostumbran a recubrirse el cuerpo con un preparado a base de jena y zumo de limón, que deja la piel suave y ambarina. Termina con una vigorizante ducha fría, un masaje con aceite y una taza de té en la sala de relajación, ¡donde se agradece pasar el rato después de este agotador tratamiento! Y no planifiques ninguna actividad para las horas siguientes: no podrás moverte.

Albert Camus

El Premio Nobel de Literatura de 1957 nació en 1913 en Mondovi (hoy Dréan, en Argelia). Huérfano de padre, pasó su infancia en el barrio de Belcourt de Argel con su madre, empleada de la limpieza. En el liceo Bugeaud descubrió la filosofía, que decidió seguir estudiando. A principios de la década de 1930 escribió, con un grupo de amigos, *Rebelión en Asturias,* una obra de teatro prohibida. En 1938 se incorporó como periodista al periódico del Partido Comunista y a *Alger républicain.* Durante la Segunda Guerra Mundial optó por resistir a los ocupantes nazis, y en 1942 publicó *El extranjero* y *El mito de Sísifo* con la ayuda de Jean Paulhan. En 1943, Camus conoció a Jean-Paul Sartre y se unió al periódico *Combat.* Al comienzo de la guerra de Argelia, aunque ya había publicado varias crónicas en el periódico (*Crónicas argelinas 1939-1958*) que mostraban lo difícil de su situación entre el apego a su país, cuyo sufrimiento reconocía, y sus convicciones políticas, decidió dejar de expresarse sobre el tema. En 1956 publicó *La caída,* un libro pesimista. Murió en 1960 en un accidente de coche. Entre sus obras destacan *Bodas* (1939), *Calígula* (1944), *La peste* (1947), *Los justos* (1950) y *El hombre rebelde* (1951). En el marco de las celebraciones del cincuenta aniversario de su muerte en 2010, Nicolas Sarkozy quiso que sus restos fueran trasladados al Panteón, pero el proyecto se vio comprometido ante la negativa de su hijo, Jean Camus.

Kamel Daoud

Nacido el 17 de junio de 1970 en Mesra, el periodista y escritor Kamel Daoud ha estado muy de actualidad últimamente al ganar en 2024 el prestigioso Premio Goncourt por *Huríes,* con toda la repercusión mediática que ello conlleva. El antiguo redactor jefe de *Le Quotidien d'Oran* (1994-2025) ya había ganado el Premio Goncourt de primera novela en 2015 por *Meursault, caso revisado.*

Kateb Yacine

Novelista, poeta, dramaturgo y columnista, nació en Constantina en 1929. Cuando aún estudiaba en el Liceo Francés, participó en la manifestación del 8 de mayo de 1945 en Sétif. Fue detenido y pasó cuatro meses en prisión. Tras una estancia en Francia, regresó a Argel en 1948 y se incorporó al diario *Alger républicain,* donde trabajó hasta 1951. De regreso a Francia, viajó y comenzó a publicar. Su novela más conocida, *Nedjma* (1956. Traducida al español en 1976 por la editorial Planeta. Solo se encuentra en libros de segunda mano), no debe eclipsar sus crónicas, recogidas en *Minuit passé de douze heures* (1989), ni sus obras teatrales. Pero ya sean periodísticos o literarios, todos sus textos se apoyan en la idea de *resistencia* que, el que fuera «uno de los más grandes escritores de este siglo», nunca abandonó hasta su muerte en 1989, pocos meses después de los disturbios de octubre de 1988 que le sacudieron hasta la médula. Otras obras: *Le Cercle des représai-*

lles (1959), *Le Polygone étoilé* (1966), *L'Homme aux sandales de caoutchouc* (1970), *L'Œuvre en fragments* (1986). Teatro: *Mohamed prends ta valise* (1971), *Saout Ennisa* (1972), *La Guerre de 2000 ans* (1974), *La Palestine trahie* (1972-1982). Kateb Yacine escribió sus novelas en francés, lengua que consideraba «el botín de guerra». Solo dos han sido traducidas al español, la mencionada *Nedjma*, y *El poeta como boxeador*.

Yasmina Khadra

Nacido en 1955, tras este seudónimo femenino «prestado» por su esposa se esconde Mohamed Moulessehoul. Ingresó en la escuela de cadetes de El-Mechouar a los nueve años, y llegó a ser oficial superior del ejército argelino antes de dedicarse a escribir. Tras muchas críticas por la falta de reconocimiento en su país, fue nombrado director del Centro Cultural Argelino de París. Sus novelas, a menudo contundentes, narran la Argelia actual y el mundo árabe en general: *Lo que sueñan los lobos* (1999), *Los corderos del Señor* (1998), la trilogía policíaca *Enquêtes du commissaire Llob* (*Morituri*, *Doble blanco* y *El otoño de las quimeras*), *El escritor* (2001), *Las golondrinas de Kabul* (2002) y *La prima K* (2003). *El atentado* (2005), sobre un médico israelí de origen palestino cuya esposa es sospechosa de estar detrás de un atentado suicida, fue un éxito rotundo. En 2006 centró su atención en Irak y la invasión estadounidense con *Las sirenas de Bagdad*. Tras *Khalil* (2018), *La sal de todos los olvidos* (2020), *Pour l'amour d'Elena* (2021) y *Los virtuosos* (2022), este productivo escritor publicó su última novela, *Corazón de almendra*, en agosto de 2024. Recibió el premio Pepe Carvalho en 2025.

Khaled

Khaled Hadj Brahim nació en febrero de 1960 en Sidi El-Houari, el antiguo barrio español de Orán. Aprendió a tocar el banjo y muy pronto formó su primer grupo. Actuaba en los cabarets de Orán, donde conoció a maestros que le introdujeron en todos los géneros musicales. En 1976 publicó su primer álbum, y diez años más tarde fue invitado a Francia para actuar en el primer festival de rai en Bobigny, cerca de París. Fue entonces cuando sacó esta forma musical de su país. Se trasladó a Francia en 1989 y grabó sus primeros álbumes, entre ellos *Way Way* y *Ha Rai*. Después emprendió una gira internacional. Tras este viaje lanzó *Didi*, el éxito que le hizo famoso. En 1994, incluso ganó un César por la música que compuso para la película *Un, deux, trois soleil,* de Bertrand Blier. En 2022 publicó su octavo álbum, *Cheb Khaled.*

Riyad Mahrez

Nacido en Sarcelles en 1991, el centrocampista Riyad Mahrez es probablemente el jugador más popular de la plantilla de los Fennecs en la actualidad, y a menudo se le ve en las vallas publicitarias de Argelia. Ganadores de la Copa Africana de Naciones (CAN) en 2019, lamentablemente los Fennecs no se clasificaron para el Mundial de Catar de 2022, pero sí estarán en el Mundial de 2026. A nivel de clubes, tras hacerse un nombre en el Manchester City y ganar, por ejemplo, la Liga de Campeones en 2023, fichó por el Al-Ahli de Arabia Saudí.

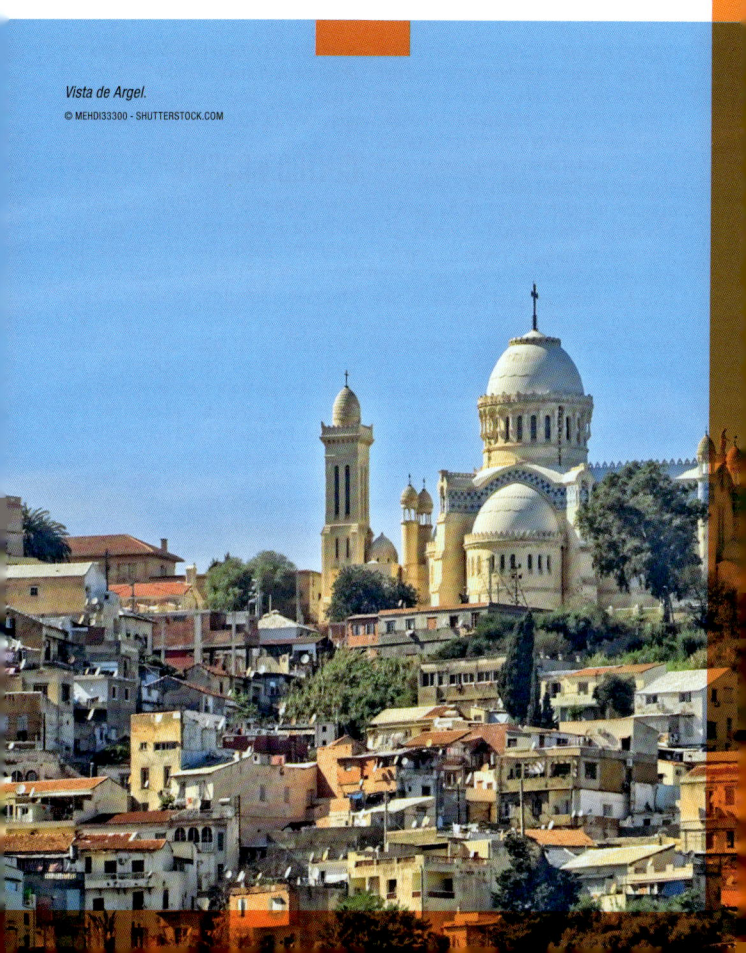

VISITA

Vista de Argel.
© MEHDI33300 - SHUTTERSTOCK.COM

ARGEL

Argel es una de las ciudades más bellas del país, recostada lánguidamente en el extremo de una bahía desde la que se puede ir subiendo por calles sinuosas, escaleras o amplias avenidas rebosantes de vida. Tanto si se conoce la ciudad como si no, es inevitable utilizar el adjetivo «la blanche» (la blanca), que se ha convertido en una denominación popular sin fundamento, hasta el punto de que los acontecimientos de los últimos veinte años han desdibujado el imaginario. Sin embargo, descubrimos con cierta emoción que el blanco no se ha desvanecido del todo, o que se ha recuperado, y que ilumina la bahía con un resplandor realzado por algunos toques de color intenso: el azul del mar, el verde de los jardines y el fucsia de las buganvillas que sobresalen de los muros. Por la noche, la ciudad se engalana de malva, rosa o azul pálido bajo un cielo

en el que la primera estrella que aparece desencadena la inquietante llamada a la oración. En resumen, Argel seduce por sus edificios, su casba, su ambiente…

CENTRO Y CASBA

Construida sobre el antiguo El Djazaïr, la Casba de Argel revela raros vestigios arabo-bereberes (mezquitas de Sidi Ramdane y El Kebir) entre tesoros otomanos: fuentes, palacios, casas, mezquitas…

La Casba es un lugar auténtico, frágil y único que no debes perderte. Por desgracia, los franceses amputaron gran parte de este barrio, y las mezquitas de El Djedid y el Bastión 23 son los últimos vestigios de su prolongación hasta el mar. Poco conocida, la Casba sufre la ignorancia de algunos y el abandono de otros. La mayoría de sus edificios se encuentran en un avanzado estado de deterioro. Carcomidos por la humedad, algunos se derrumbaron durante el terremoto de mayo de 2003, mientras que otros parecen haberse ido desmoronando. Las vigas de madera y los puntales que los sostienen intentan evitar su inminente colapso. En los últimos años, sin embargo, las obras de restauración han procurado realzar el lugar y, poco a poco, la imagen del barrio va mejorando. Las calles de la Casba alta emanan tranquilidad, solo perturbada por los gritos de los niños, el sonido de las radios que escapan de los patios interiores o el de

Paseo por las calles de Argel.

Frente marítimo de Argel.

las herramientas que salen de los talleres de los artesanos… La Casba baja está muy animada, con sus numerosos zocos, pero es menos segura.

MUSTAPHA SUPERIOR Y BARRIOS DEL SUR

Durante la época otomana, los dignatarios turcos aprovecharon el campo que rodea la ciudad (*fahs*) para construir sus residencias de verano en medio de exuberantes jardines. La paz y tranquilidad de las laderas que bordean la ciudad por el sur atrajeron especialmente al dey Mustapha Pacha, que construyó varias villas. Los franceses bautizaron estas laderas con el nombre de Mustapha Supérieur, en referencia al dey constructor. Desde finales del siglo XIX, los ingleses se sintieron atraídos por el exotismo de Argel y las bondades de su clima. Rehabilitaron las villas otomanas o construyeron otras nuevas basadas en el modelo arquitectónico otomano. Mustapha, que no se limitaba a su parte alta sino que se extendía hasta los barrios de Agha y Mustapha inferior,

atrajo pronto a los franceses, que no se sentían cómodos entre las estrecheces del centro de la ciudad. De 1871 a 1904, Mustapha fue un municipio independiente. Hoy en día, Mustapha superior es un agradable barrio situado entre el palacio del Pueblo y la sede de la ENTV.

PERIFERIA

La ciudad ha crecido considerablemente en los últimos años, y sus suburbios incluyen ahora las comunas de Kouba, Hussein Dey, El Harrach, Bouzaréah, Bab Ezzouar, Chevalley, Chéraga, Rouiba, Dely Brahim, Birkhadem, Dar El Beïda, Ouled Fayet, Draria y Mohammadia, que es seguramente el suburbio que ha experimentado el desarrollo más importante en los últimos tiempos… La Gran Mezquita, en construcción desde hacía mucho tiempo, ya está terminada. Es la mayor mezquita de África y el tercer lugar de culto más grande del mundo después de La Meca y Medina. El paseo marítimo de la ciudad se ha transformado en un largo puerto deportivo de ambiente familiar conocido como «Les Sablettes».

PUNTOS DE INTERÉS

1. Ciudadela / Palacio del dey
2. Dar Aziza Bent El-Bey
3. Dar Es-Souf
4. Dar Hassan Pacha
5. Dar Khaïdaoudj El-Amia (Museo Nac. de Arte y Tradiciones populares)
6. Dar Mustapha Pacha (Museo Nac. de Miniatura, Iluminación y Caligrafía)
7. Djamaâ Ali Bitchine
8. Djamaâ El-Djedid
9. Djamaâ El-Kebir
10. Djamaâ Ketchaoua
11. Djamaâ Es-Safir
12. Djamaâ Lihoud
13. Hammam Sidna
14. Maison d'Ali La Pointe
15. Maison du Millénaire
16. Bastion 23
17. Zaouia Sidi M'Hammed Cherif

QUÉ VER – QUÉ HACER

CENTRO Y CASBA ★★

■ CATEDRAL DEL SAGRADO CORAZÓN ★★

Didouche Mourad

A la altura de la gasolinera de Naftal. La catedral del Sagrado Corazón destaca por su arquitectura modernista. Su construcción en 1962 fue la consagración de un voto hecho por monseñor Leynaud en 1944 y monseñor Duval en 1958. Levantada según los planos de Paul Herbé y Jean Le Couteur, sustituyó a la catedral de San Felipe, devuelta al culto musulmán tras la independencia del país. Su *torre* hiperboloide se eleva 35 metros. El interior es impresionante. La cúpula está rematada por un rosetón y descansa sobre cuatro arcos de hormigón sostenidos por ocho pilares. El juego de líneas y el uso del hormigón recrean a la perfección la idea de «la tienda de Dios» según el Evangelio de san Juan. Las alfombras fueron donadas por Luis Felipe I de Francia a la catedral de San Felipe. La arqueta bereber fue donada a la catedral por los monjes de Tibhirine once días antes de su secuestro y asesinato. El altar de mármol de Carrara, que pesa seis toneladas, alberga las reliquias de los santos africanos Víctor y Fulgencio. El atril fue donado por Napoleón III y el antifonario pertenecía a los monjes trapenses de Staoueli. Las columnas, de mármol auténtico, proceden de la iglesia de Tamentfoust. Al fondo de la nave, el mosaico, del año 324, procede de la primera basílica de Castrum Tingitanum (Chlef, la antigua Orléansville). Se trata de una pieza única del arte cristiano antiguo, ya que se cree que es la representación más antigua de la Iglesia en forma de laberinto. El órgano fue donado por la parroquia de Boufarik. Las vidrieras son obra del maestro vidriero Henri Martin Granel.

Catedral del Sagrado Corazón.

© MTCJRADO - ISTOCKPHOTO

Minarete de la mezquita del dey, en la Ciudadela de Argel.

■ CEMENTERIO DE LAS PRINCESAS ★★

N'fissa Ramdane
Al final de la calle se encuentra el cementerio de Sidi Ben Ali, más conocido como *el cementerio de las princesas*. Aunque este lugar pertenece al pasado, creemos que merece la pena mencionarlo porque ha inspirado a escritores, pintores y viajeros. Aquí descansan las princesas N'Fissa y Fatma, hijas de Hassan Pasha. Cuenta la leyenda que las hermanas se enamoraron del mismo príncipe y se dejaron morir de amor. Los epitafios atestiguan otra historia, la de dos princesas tan bellas que la muerte se las llevó antes de que pudieran envejecer.

■ CIUDADELA ★★★

Bulevar Mohamed Taleb. Casba alta
Construida en 1516 por Baba Aroudj, un corsario turco que se proclamó rey de El Djazaïr tras liberar Argel de la dominación española, la Ciudadela (*Casbah* en árabe) ocupa nada menos que nueve mil metros cuadrados en el emplazamiento del palacio del príncipe bereber Buluggin Ibn Ziri, fundador de El Djazaïr Beni Mezghana.

La edificación de esta fortaleza, situada a 118 metros sobre el nivel del mar e inicialmente destinada a albergar una guarnición de jenízaros, no finalizó hasta 1591. En 1818 se convirtió en la sede de la Regencia. Ali Khodja, penúltimo dey de Argel, amenazado por los jenízaros (soldados de la milicia del sultán otomano), abandonó la Yanina, hasta entonces sede del gobierno y de la Administración, para refugiarse en la Casba alta. La Ciudadela se convirtió así en la sede gubernamental, que el dey Hussein completó. Tras la toma de Argel, el palacio fue requisado por el mariscal de Bourmont, quien lo convirtió en su residencia, y luego pasó a manos de Clauzel, general en jefe de las tropas argelinas, y de otros generales. El cuartel de Orleans se construyó en 1926 y el museo militar colonial Franchetd'Esperey se emplazó en el palacio del dey en 1930, con motivo del centenario de la presencia francesa en la zona. Lamentablemente, las sucesivas ocupaciones y remodelaciones han provocado daños considerables en el recinto, que está siendo renovado desde hace varios años. Aún así, en 1992 fue incorporada a la lista del Patrimonio de la Humanidad de la Unesco.

El bulevar Mohamed Taleb, construido por los franceses donde hubo los jardines de la Ciudadela, ha dividido el recinto. A la derecha del bulevar (cuesta abajo) se encuentran el polvorín, Dar El Baroud, las antiguas caballerizas y el palacio de los beys. Alrededor de estos edificios y del patio, las murallas daban cobijo a cinco baterías que apuntaban sus cañones hacia el puerto, la costa y el interior.

A la izquierda se ve la mezquita de los jenízaros y, detrás, la del dey, flanqueada por su minarete octogonal decorado con bandas de loza. El palacio del dey está construido alrededor de un patio e incluye la tesorería, el hamam, las estancias de las mujeres, los apartamentos del dey y el *diwan* (sala del consejo), donde se dice que tuvo lugar el famoso «incidente del abanico» el 30 de abril de 1827. Esta ofensa del dey Hussein al cónsul francés Deval, enfadado por una deuda de Francia con la Regencia, habría sido el pretexto para la toma de Argel por los franceses.

Casi todos los azulejos han sido arrancados por los sucesivos ocupantes —soldados y ocupantes ilegales tras la independencia— y solo algunos jirones de colores y las puertas de mármol tallado dejan entrever el antiguo esplendor del edificio.

«Unos minutos cuesta arriba te llevarán ante la Casba, un vasto y suntuoso palacio que albergaba al dey, hoy convertido en fortaleza, que contiene una gran guarnición, el polvorín y hermosos jardines en medio de los cuales se encuentra la estación de telégrafos (ya desaparecida). Las vastas estancias de este palacio bien merecen una visita, tanto por su curiosa construcción como por los recuerdos históricos que encierran. Pero no busques nada que recuerde el lujo y la elegancia de los palacios de Oriente, todo ha desaparecido; incluso la arquitectura, antaño tan ligera, ha tenido que dar paso a construcciones toscas. Todavía se pueden encontrar restos del estilo morisco, tan lleno de poesía, en las estancias y vastos patios de este edificio, pero están tan mutilados que es difícil verlos. Las galerías y salas de la planta baja se utilizan como refectorios; el olor a tabaco ha sustituido al de los perfumes de La Meca. La hermosa mezquita del palacio, con sus elegantes columnas, mosaicos y cúpula, sirve de dormitorio a los artilleros. El harén, voluptuosa morada de las mujeres, servía de taller a sastres y zapateros. Cuando visitamos la fortaleza en 1845, el polvorín de la Casba contenía 6482 disparos de armas, 3 000 000 de cartuchos y un gran número de otros proyectiles.» Esta descripción de la Ciudadela pertenece a una guía turística fechada en 1848 y que puede consultarse en el sitio gallica.bnf.fr.

▶ **Restauración de la Casba.** Mientras que el barrio de los jenízaros, el hamam y el bastión 5 han sido restaurados, otras partes de la Ciudadela siguen en obras. Tras varios proyectos de renovación infructuosos, en 2005 se llevaron a cabo actuaciones de emergencia para salvaguardar nueve edificios del emplazamiento, antes de que comenzaran las obras de restauración en 2011. Como consecuencia de numerosos terremotos, inundaciones e incendios provocados por unas instalaciones ruinosas, la Casba había perdido su encanto y los edificios se estaban deteriorando.

Después de muchos años, la Ciudadela reabrió parcialmente al público en noviembre de 2020. En 2021 y 2022 se completaron varios proyectos de rehabilitación, como en la mezquita del dey, el polvorín, Dar El Baroud, el mausoleo de Sidi Abderrahmane Thaâlibi y en otros edificios históricos.

Actualmente están en marcha diversos proyectos de restauración de edificios históricos, cuya finalización estaba prevista para 2025, entre ellos la reapertura del palacio de los beys y del palacio del dey. Otros palacios de la Casba también serán renovados en los próximos años.

■ DAR AZIZA BENT EL-BEY ⭐
Dar Aziza, plaza Cheikh Ben Badis
Casba baja
℡ +213 21 71 00 05
Situada frente a la mezquita de Ketchaoua, esta joya de la arquitectura otomana es, al igual que Dar Ahmed, uno de los pocos edificios del gran complejo de la Yanina, sede del gobierno y la administración de la Regencia, que sobrevivió al incendio de 1844 y a la destrucción del distrito por los franceses en 1856. Se cree que Dar Aziza Bent el-Bey, que significa «Palacio de Aziza, hija del bey», fue construido en el siglo XVI para Aziza con motivo de su matrimonio con el bey de Constantina. Posteriormente sirvió de residencia a los regentes de Argel y a los dignatarios extranjeros. Durante

la ocupación francesa se convirtió en residencia episcopal y, en 1838, en sede del arzobispado. Tras la independencia se asignó al Ministerio de Turismo, y después a la Agencia Argelina de Turismo. Actualmente alberga la Oficina Nacional de Gestión y Explotación de los Bienes Culturales Protegidos. No obstante, se pueden visitar algunas partes del edificio.

Originalmente, el palacio tenía tres plantas, la última de las cuales no sobrevivió al violento terremoto de 1716. Diseñada según los principios arquitectónicos de la época otomana, la residencia está construida en torno a un magnífico patio, rodeado de galerías (*s'hine*) sostenidas por columnas de mármol rematadas con capiteles, y decorada con azulejos de barro, carpintería esculpida, claraboyas y mucho más. La puerta actual se tomó de otra entrada en 1835, cuando se realizaron reformas para eliminar una casa anexa. Los expertos coinciden en que se trata del palacio más bello de la Casba.

■ DAR HASSAN PASHA ⭐⭐
Plaza Ben Badis, calle Hadj Omar
Casba baja
Este palacio es sin duda uno de los lugares donde se hace más palpable el choque entre la influencia otomana y francesa en Argelia. Construido hacia 1791 por el dey Hassan Pacha (cuyo reinado duró de 1791 a 1798), el edificio sufrió numerosas transformaciones por parte de los franceses, que lo convirtieron en el palacio de invierno del gobernador de Argel a partir de 1830. El arquitecto Pierre-Auguste Guiauchain diseñó la fachada de mármol blanco con sus ventanas conopiales y la portada con sus columnas de mármol, en un estilo inspirado en los palacios venecianos y

ajeno a la arquitectura local. Aunque algunas estancias, como la antigua sala de recepción, han sido muy modificadas con la adición de chimeneas, lámparas de araña, espejos y yesos esculpidos, en el interior de la residencia se encuentran algunos elementos destacables, como la loza de Delft, los artesonados pintados o tallados, el patio porticado con sus pesadas balaustradas de madera y los marcos de las puertas, y la sala de recepción del dey, con las paredes cubiertas de azulejos del siglo XVI procedentes de Italia, Delft y Túnez, probablemente tomados de palacios anteriores. Como indica una inscripción grabada bajo la cornisa, el patio se cubrió con un techo de cristal en 1875, bajo el gobierno del general Chanzy. Se dice que Napoleón III y la emperatriz María Eugenia se alojaron aquí cuando visitaron Argel en 1860 y 1865. Desde la década de 1950 alberga diversas instituciones dependientes del Ministerio de Asuntos Religiosos.

■ FRENTE MARÍTIMO ★★

Una caminata por el paseo marítimo de Argel ofrece no solo una magnífica panorámica de la bahía, sino también la posibilidad de descubrir algunos de los edificios más emblemáticos de la ciudad, como los majestuosos edificios neoclásicos y de estilo haussmaniano ocupados principalmente por bancos, la *wilaya* de estilo neomorisco, la sede de la Asamblea Nacional Popular (antiguo ayuntamiento), el hotel Safir con sus líneas de estilo modernista, la mezquita de El Djedid, raro legado almorávide, el almirantazgo, donde aún flota en el aire el recuerdo de las razias berberiscas…

■ GRAN EDIFICIO DE CORREOS ★★★

Bulevar Mohamed Khemisti
www.poste.dz
En el cruce entre el bulevar y la calle Larbi Ben M'Hidi.
La Gran Oficina de Correos de Argel es una de las visitas obligadas y un punto de referencia turístico en el centro de

La Gran Oficina de Correos de Argel.

© PICTUREREFLEX – ISTOCKPHOTO

la ciudad. El edificio acaba de salir de meses de obras de restauración y vuelve a lucir su antiguo esplendor y su blanco inmaculado. Construida en 1913 según los planos de los arquitectos Voinot y Tondoire, la Grande Poste debía marcar el traslado del centro colonial de la ciudad al bulevar Laferrière (actual Mohamed Khemisti), abierto en el emplazamiento de la antigua muralla francesa. Es el símbolo de la corriente arquitectónica neomorisca impulsada a principios del siglo XX por el gobernador Jonnart, en el marco de las reformas emprendidas en favor de los argelinos y con vistas a acercar a las poblaciones europea y autóctona. La fachada exterior es típica del estilo morisco, con sus grandes cúpulas, minaretes, escalera de mármol y puertas de madera. La corona del edificio está formada por bandas de loza verde, paneles grabados con los nombres de las principales ciudades de Argelia, arcos, una cornisa de azulejos y una hilera de almenas. La decoración interior, muy refinada, se inspira en los edificios hispanomusulmanes de Andalucía: una cúpula decorada con estuco finamente cincelado y una corona de estalactitas, columnas de mármol rematadas con capiteles esculpidos, etc. Las paredes están adornadas con inscripciones religiosas en árabe. Los antiguos buzones de la entrada son especialmente bellos.

■ EDIFICIO-PUENTE BURDEAU
Bulevar Krim Belkacem
Telemly
Diseñado por el arquitecto Pierre Marié en 1952, el edificio-puente Burdeau forma parte del planteamiento urbanístico y arquitectónico de Le Corbusier.

Es una de esas genialidades arquitectónicas que responden perfectamente a las exigencias del escarpado terreno de Argel. Erigido sobre el barranco de Burdeau, a la altura del bulevar Krim Belkacem que conduce al barrio de Robertsau, el puente es también la cubierta de un bloque de apartamentos. Se cree que solo existen dos estructuras de este tipo en el mundo. Se puede ver desde el anillo del bulevar Krim Belkacem.

■ INSTITUTO CERVANTES DE ARGEL
Khelifa Boukhalfa, 9
☎ +213 560 749 701
https://argel.cervantes.es
El Instituto Cervantes de Argel, situado en pleno centro de la ciudad, es un punto de referencia cultural para los turistas españoles que visitan la capital argelina. Ocupa un edificio histórico de época colonial, integrado en el tejido urbano tradicional, que refleja la arquitectura europea de principios del siglo XX. El Instituto ofrece una programación abierta al público con exposiciones, conciertos, ciclos de cine, conferencias y encuentros literarios, además de actividades relacionadas con la lengua y la cultura españolas. Es un espacio idóneo para conocer la vida cultural local y establecer un primer contacto con la comunidad cultural argelina.

■ AÉROHABITAT
Bulevar Krim Belkacem
Télémly
Muchos argelinos atribuyen a Le Corbusier la realización del Aérohabitat. En realidad, Le Corbusier tenía muchos proyectos arquitectónicos para Argel, pero ninguno de ellos pudo llevarse a cabo. Sin

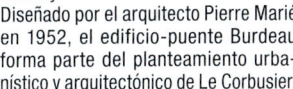

VISITA

© LEONID ANDRONOV - SHUTTERSTOCK.COM

Mausoleo de Sidi Abderrahman.

embargo, es a los alumnos del arquitecto suizo —Pierre Bourlier, José Ferrer-Laloë y Louis Miquel— a quienes debemos esta obra. Construido en 1955 siguiendo el modelo del «pueblo vertical» de la Cité Radieuse de Marsella, el complejo consta de cuatro edificios. El más alto, de 23 plantas, aunque imponente, está notablemente bien integrado en el lugar.

■ MAMA (MUSEO DE ARTE MODERNO DE ARGEL) ★★

Larbi Ben M'Hidi, 25
✆ +213 21 71 72 52
www.mama-dz.com

El MAMA ha vuelto al majestuoso marco de las antiguas Galeries de France. Contrapartida argelina de las Galeries Lafayette de París, fueron diseñadas en 1914 por el arquitecto Henri Petit, figura destacada de la escuela neomorisca. Antes de su cierre por renovación, el museo acogía exposiciones temporales, retrospectivas de artistas, exposiciones

de fotografía e instalaciones de artistas plásticos argelinos y extranjeros. Las exposiciones cambiaban aproximadamente cada seis meses.

■ MAUSOLEO DE SIDI ABDERRAHMAN ★★★

Abderrahmane Arbadji

El mausoleo del santo patrón de Argel, Sidi Abderrahman, consta de una *koubba* que alberga la tumba del santo y una mezquita construida en 1697 sobre un emplazamiento más antiguo. Fue magníficamente restaurada entre 2018 y 2022, y es uno de los monumentos más visitados de la ciudad.

Nacido en 1437, Sidi Abderrahman, de la tribu thaâliba, fue un venerado erudito y teólogo, fundador de la zaguía Thaâlibiya, que ofrecía diversas enseñanzas. La *koubba,* donde un relicario recubierto de seda alberga los restos del santo fallecido en 1471, está cubierta de azulejos, versículos del Corán y objetos exvotos: cuadros, placas y candelabros, uno de los cuales se dice que fue donado por la reina Victoria, quien finalmente logró quedarse embarazada tras su visita. Este lugar sagrado es un remanso de paz muy apreciado por las mujeres: muchas acuden a pedir la bendición del santón, al que pueden hacer un voto para resolver sus problemas conyugales, encontrar el amor o incluso lograr tener un hijo. También es un lugar donde las mujeres de cierta edad buscan, entre las muchas jóvenes que acuden aquí, hijas con las que casar a sus hijos o nietos. Así que verás bastantes mujeres sentadas alrededor del mausoleo hablando de sus amores o de un futuro matrimonio…

La mezquita está flanqueada por un bonito minarete cuadrangular cuya cúspide está decorada con azulejos persas y rodianos azules y blancos. Se dice que el agua de la fuente del patio es milagrosa.

■ EBANISTERÍA ARTÍSTICA Y TRADICIONAL KHALED MAHIOUT

★★

Sidi Driss Hamidouche, 76
Casba alta
✆ +213 5 60 71 00 61

Khaled Mahiout trabaja como carpintero desde los catorce años. Heredero de la experiencia y sensibilidad de su padre y su tío hacia la arquitectura morisca y neomorisca, se especializó rápidamente en el arte y la ebanistería tradicional. Junto con su hijo, trabaja en la renovación de la carpintería de las casas tradicionales. Si visitas su taller, sube a la terraza para disfrutar de una fabulosa vista panorámica de la Casba y el puerto.

■ MEZQUITA DE KETCHAOUA

★★★

Plaza de Ben Badis
Casba baja

Tras largas reformas, esta mezquita reabrió sus puertas a finales de 2018, y merece la pena visitarla. Fue construida en 1612 sobre el emplazamiento de unas antiguas termas romanas desenterradas en 1844. Estaba situada en el corazón del animado barrio de la Casba baja, que se estructuraba en torno al antiguo palacio de la Djenina, los zocos y el Badestan, el mercado de esclavos. Construida en estilo bizantino, fue restaurada bajo el gobierno del dey Hassan Pacha en 1795. Los franceses la confiscaron en 1832 y prohibieron el culto musulmán, de manera que la mezquita se convirtió en iglesia y sufrió importantes reformas entre 1842 y 1890. Consagrada como catedral de San Felipe en 1860, el edificio fue despojado de su alminar y flanqueado por dos campanarios, y se le añadió una imponente escalinata que conducía a un pórtico porticado, mientras que la fachada adoptó un estilo neobizantino y neomorisco durante las obras realizadas por el arquitecto diocesano y de monumentos históricos de Argelia, Albert Ballu.

En esta catedral se celebraron los funerales del compositor y músico Camille Saint-Saëns en 1921. El interior, destinado al culto musulmán desde 1962, presenta elementos de la mezquita original: el minbar, columnas

VISITA

© MTCURADO · ISTOCKPHOTO

Mezquita de Ketchaqua.

de mármol, la pila de abluciones, etc. La antigua puerta de madera tallada de la mezquita, obra del siglo XVII atribuida a Ahmed Ben Lablatchi, se conserva en el Museo de Antigüedades y Artes Islámicas. Una de las campanas de la antigua catedral era demasiado pesada para sacarla del edificio, y aún puede verse en uno de los campanarios de la parte trasera de la mezquita.

■ MUSEO ALI LA POINTE ★★

Abderrames, 5

Ali Ammar, más conocido como Ali La Pointe, y sus compañeros de armas, Hassiba Ben Bouali, Mahmoud Bouhamidi y el pequeño Omar, estaban escondidos en una casa del número 5 de esta calle. Se negaron a rendirse y murieron cuando la casa fue volada por paracaidistas franceses en la noche del 8 al 9 de octubre de 1957. Para los franceses, su muerte supuso la culminación del desmantelamiento de la red del FLN. El pequeño museo dedicado a este héroe de la batalla de Argel y a los demás mártires se inauguró en este lugar conmemorativo en julio de 2006.

■ MUSEO DE LA ILUMINACIÓN, MINIATURAS Y CALIGRAFÍA ★★★

Frères Mecheri, 12
Casba baja
☏ +213 21 42 92 29

Restaurado en el marco de la campaña «Argel, capital cultural del mundo árabe», Dar Mustapha Pacha reabrió sus puertas al público en 2007 y alberga actualmente el Museo Nacional de Iluminación, Miniaturas y Caligrafía. Este magnífico palacio fue construido en 1798 por el dey Mustapha Pacha (1798-1805) para su familia. Mustapha Pacha había edificado varias villas en los *fahs*, la campiña argelina, muchas de cuyas parcelas le habían sido cedidas por su tío Hassan Pacha, por lo que los franceses llamaron Mustapha al suburbio del sur de la ciudad. Tras pasar a propiedad del hijo de Hassan Pacha cuando el bey fue asesinado en 1805, la casa fue ocupada por generales franceses a partir de 1830. Fue Biblioteca Nacional hasta 1948, tras haber albergado un museo de arte antiguo. En 1962, el Frente de

Parque Beyrouth.

Liberación Nacional instaló aquí sus servicios administrativos.

Las puertas de madera de cedro esculpida, la pila de mármol del patio, el *sqifâ* con sus hornacinas y columnatas decoradas con magníficos azulejos de loza de Delft y unos 500 000 azulejos italianos, tunecinos, españoles y holandeses, hacen de este edificio uno de los palacios más bellos de la Casba. Algunas de sus salas exhiben magníficas iluminaciones, así como obras de miniaturistas y calígrafos. Para comprender mejor el museo, te recomendamos que realices una visita guiada: ¡es sencillamente fascinante!

■ MUSEO DE ANTIGÜEDADES Y ARTE ISLÁMICO ⭐⭐⭐
Bulevar Krim Belkacem, 117
Parque de la Libertad, Télémly
✆ +213 23 47 08 51
Inaugurado por Félix Faure en 1897, el Museo de Antigüedades fue el primer museo municipal de Argel. Hoy en día es uno de los más interesantes de la ciudad, y bien merece una visita para saber más sobre el arte islámico. Alberga una importante colección de antigüedades clásicas, compuesta por vestigios (esculturas, mosaicos, bronces, cerámicas, etc.) desenterradas en excavaciones realizadas en distintos yacimientos arqueológicos de Argelia, y una sección de arte musulmán que reúne una colección de objetos procedentes de las distintas dinastías árabes y bereberes que ejercieron su poder en Argelia y el Magreb. Algunas piezas proceden también de Oriente Próximo. En la sala dedicada a los cultos paganos, en un sarcófago de Azzefoun (Cabilia) del siglo III d. C. está representada la leyenda griega de Belerofonte. En la sala de las monedas, unas tablillas de madera

de cedro del año 493, que representan escrituras de venta, atestiguan el paso de los vándalos. Los mosaicos mitológicos de Tipasa, Constantina, El Asnam y Bordj Bou Arréridj están especialmente bien conservados. La otra parte del museo, dedicada al arte islámico, presenta monedas de todas las dinastías arabo-bereberes, espadas, pistolas, joyas, alfombras, muebles y loza. Entre las piezas más relevantes de esta sección se hallan el minbar de la mezquita Mayor de Argel, fechado en 1097, y la puerta de madera tallada de la mezquita de Ketchaoua.

■ MUSEO NACIONAL DE ARTES Y TRADICIONES POPULARES ⭐⭐
Mohamed Akli Malek, 9
Casba baja
✆ +213 21 43 99 08
Construido hacia 1570 por Yahia Raïs, oficial de la flota argelina, en el emplazamiento de una antigua zagüía, este palacio también es conocido como Dar Bacri. Durante varios años fue la residencia de Michel Cohen Bacri, un rico comerciante de trigo conocido por su implicación en la disputa sobre la deuda de Francia con Argelia que desembocó en el «incidente del abanico», pretexto para la toma de Argel por los franceses. El palacio fue comprado en 1789 por Hassan El Khaznadji, entonces ministro de finanzas del dey Mohamed Ben Othman (1766-1791). El ministro, futuro dey Hassan Pacha, lo restauró y amplió como regalo para su hija Khadaoudj, de quien se decía que se había quedado ciega por admirar su belleza en el espejo. Los nietos del dey Hassan Pacha heredaron el palacio antes de que los franceses lo requisaran en 1830 para albergar el primer ayuntamiento de Argel y, más tarde, la sede del procurador

VISITA

general y la del primer presidente de la corte de apelación. Posteriormente, el palacio sufrió varias transformaciones. En 1947, el edificio fue cedido al departamento técnico de la Artesanía de Argelia, antes de convertirse en el Museo de Artes y Tradiciones Populares en 1987. El museo posee una magnífica colección de alfombras, alfarería, cerámica, cobre y joyería bereber. La exposición es interesante y permite descubrir una vivienda típica de la Casba. Una de las salas del piso superior está decorada con magníficos azulejos de Delft.

■ MUSEO NACIONAL DEL BARDO
★★

Franklin Roosevelt, 3
℅ +213 21 74 76 41
https://museeebardo.dz/
El Museo del Bardo ocupa una antigua villa otomana situada en las colinas de Argel, al parecer construida por un rico tunecino a finales del siglo XVIII. Adquirida por el general Exelmans en 1830, pasó a manos del *agha* de Biskra, Ali Bey, en 1875, hasta que en 1879 pasó a ser propiedad de un tal Pierre Joret. Amante de la música y apasionado de la historia, Joret realizó importantes reformas en la villa, sin alterar su aspecto, para dar conciertos, entre ellos uno de Camille Saint-Saëns, y albergar una colección de objetos prehistóricos. En 1926 la villa fue vendida al gobierno francés, que la transformó en Museo de Etnografía y Arte Indígena. Inaugurado en 1930 con motivo del centenario de la colonización, el museo se convirtió en 1985 en Museo de Prehistoria y Etnografía y posteriormente en Museo del Bardo, y ese mismo año fue declarado Monumento Histórico. Enclavada al fondo de un exquisito jardín, la villa,

que combina los elementos tradicionales de la arquitectura otomana (maderas preciosas, loza, hierro forjado, puertas bajas, bafles, un exuberante patio con una fuente de mármol, etc.), alberga unas colecciones de vestigios muy interesantes, la mayoría descubiertos en excavaciones realizadas en Argelia. Aquí podrás ver piezas prehistóricas del Magreb y del Sáhara: herramientas paleolíticas y neolíticas, cerámicas, ídolos, etc., así como reproducciones de frescos rupestres. También se exponen fragmentos de mandíbula y parietales de un *Atlanthropus mauritanicus,* que vivió hace unos 500 000 años en Ternifine, en la región de Muaskar. Se exhiben igualmente numerosos objetos protohistóricos, como anillos de bronce y losas grabadas… Y la tumba de Tin Hinan, antepasada legendaria de los tuaregs, cuyo esqueleto fue encontrado en 1926 cerca de Abalessa, en la región de Ahaggar. Una vitrina muestra las joyas de esta reina halladas en el túmulo que alberga su tumba. ¡Toda la sección de exposición de joyas argelinas es magnífica y fascinante!
La sección etnográfica incluye una parte urbana (latonería, fusiles, sables, joyas bereberes, trajes tradicionales de Constantina, Argel y Tlemcen, cerámicas y cofres de la Cabilia, etc.), una parte sahariana (colecciones del Ahaggar: objetos de cuero pintado, sillas de montar, escudos, puñales, etc.) y una sección dedicada al África negra.
La villa también alberga el Centro Nacional de Investigación Prehistórica, Antropológica e Histórica (CNRPAH), antiguamente conocido como CRAPE, fundado en 1955 y dirigido, entre 1969 y 1980, por Mouloud Mammeri, paladín de la cultura bereber.

© LEONID ANDRONOV - SHUTTERSTOCK.COM

Palacio de los Rais.

■ **PALACIO DE LOS RAIS – CENTRO DE LAS ARTES Y LA CULTURA**
★★★
Boulevar Amara Mohamed Rachid Basse, 23
Entre el Almirantazgo y punta El Kettanti, cerca de la DGSN
☎ +213 44 17 16 78
Raro vestigio de la extensión de la Casba hacia el mar en época otomana, el palacio de los Rais es en realidad un complejo de tres palacios (17, 18 y 23) y seis *douérate* (casas de pescadores) construidos en el emplazamiento de un fuerte del siglo XVI.

▶ **Historia.** El palacio 18, el de mayor interés arquitectónico, fue erigido en la segunda mitad del siglo XVIII por el rais Arnaout Mami y adquirido en 1798 por el dey Mustapha Pacha. Al principio de la ocupación francesa, el palacio se convirtió en residencia del contraalmirante encargado de la gestión del puerto, más tarde en consulado americano, internado de señoritas, residencia del duque de Aumale y, por último, en biblioteca municipal, antes de quedar abandonado y ser saqueado y ocupado por familias argelinas a partir de 1962. Salvado de una destrucción inminente, el palacio fue restaurado y desde 1994 alberga el Centro de Arte y Cultura, que organiza exposiciones temporales, actividades museísticas y espectáculos en la «batería» (terraza roja) con vistas al mar.

▶ **Visitas.** Se puede comenzar en el Palacio 18, al que se accede por el vestíbulo (*sqifa*), donde varios paneles explican la historia de la Casba baja y su evolución. La visita continúa por el patio (*wast eddar*), las galerías (*shine*), las habitaciones (*byoutes* en la planta baja y *ghrofs* arriba), el baño (hamam), la cocina (*khiama*) y la terraza (*menzah*). Los elementos decorativos (arcos, columnas de mármol, puertas de madera, azulejos y techos) son representativos del arte morisco. En los *byoutes* y *ghrofs* se exponen fotografías de los lugares más emblemáticos de la Casba, así como reproducciones de escenas cotidianas y trajes tradicionales de la época otomana, y maquetas de viviendas típicas del casco antiguo. Los palacios 17 y 23, más modestos, utilizados antaño por los sirvientes, acogen hoy regularmente exposiciones de artistas argelinos y extranjeros (fotógrafos, artistas plásticos, pintores, etc.). Puedes visitar las *douérate* tomando el *sabat* (pasadizo cubierto). Armoniosamente alineadas, eran las viviendas de marineros y pescadores.

Aunque algunos especialistas consideran que está mal restaurado, el palacio de los Rais ofrece al público una visión de conjunto de un vasto complejo urbano de la época otomana y revela numerosos elementos originales, como los magníficos techos de madera tallada.

■ PARQUE BEYROUTH (ANTIGUO PARQUE DE SAINT-SAËNS) ⭐⭐

Bulevar Krim Belkacem
Télémly

No cabe duda de que la proximidad de residencias de lujo, consulados, embajadas y empresas extranjeras obliga a cuidar este parque. Lo cierto es que el antiguo parque Saint-Saëns, muy frecuentado por las familias, es uno de los lugares más tranquilos del centro de la ciudad. Es casi como si se respirara un aire más fresco que junto al mar, y un museo infantil le otorga una atmósfera de escuela vacía. Para un agradable paseo con vistas a la ciudad.

■ FARO DEL ALMIRANTAZGO ⭐⭐

En 1511, Pedro Navarro (1460-1528) hizo construir un bastión circular equipado con cañones en uno de los islotes que emergen frente a Argel, el Peñón. Kher-Eddine arrebató el Peñón a los españoles en 1529, unió los islotes a tierra firme y construyó un espigón para proteger Argel y el puerto. El pulso de la ciudad se medía en el muelle, donde preparaban sus expediciones los corsarios que hicieron de Argel una ciudad inexpugnable. Bordj El Fanar, embellecido más tarde por el faro, fue construido entre 1541 y 1544 por Hassan Pasha, quien también instaló las primeras baterías.

■ PLAZA DE LOS MÁRTIRES (ANTIGUA PLAZA DEL GOBIERNO) ⭐⭐

Tras muchos años de obras de todo tipo (para el metro, para excavaciones arqueológicas, etc.), la plaza de los Mártires ha recibido por fin un lavado de cara, y fue inaugurada con su renovado aspecto en 2018. La amplia y despejada plaza domina el puerto y el mar. Está flanqueada por edificios porticados al oeste y al sur, la mezquita El-Djedid al este y la plaza del 8 de mayo de 1945 (antigua plaza de la Regencia) al norte. Muy abierta y agradable, supone un soplo de aire fresco en el paisaje urbano de Argel.

▶ **Historia.** Cuando los franceses ocuparon Argel necesitaron crear un patio de armas. La mezquita de Es-Saïda, el palacio de Djenina, las calles de los tintoreros, joyeros y armeros y no menos de 420 casas antiguas fueron demolidas para permitir que la plaza del Gobierno viera la luz en 1841. Rápidamente plantada de bellasombras, naranjos y plátanos, la plaza se convirtió en el centro de la nueva ciudad colonial. Lugar de encuentro de argelinos, judíos, soldados, marinos, colonos, etc., adquirió el ambiente de un foro cosmopolita. Fue escenario de banquetes, procesiones y desfiles. El 28 de octubre de 1845 se inauguró en ella la estatua ecuestre de bronce del duque de Orleans, diseñada

Faro del Almirantazgo.

VISITA

por Marchetti, de cinco metros de altura y ocho toneladas de peso. La plaza siguió siendo el corazón de Argel hasta el desplazamiento de la ciudad hacia el sur a principios del siglo XX. Tras la independencia, fue rebautizada como «plaza de los Mártires» en homenaje a las víctimas de la guerra.

PERIFERIA ⭐⭐

■ ACUEDUCTO DE AÏN ZEBOUDJA ⭐⭐
Camino Petit Hydra
Valle de Hydra
Se han descubierto importantes restos de uno de los cuatro grandes acueductos que alimentaban las fuentes de Argel. Construido entre 1619 y 1639, el acueducto de Aïn Zeboudja, de doce kilómetros de longitud, recogía el agua de los manantiales de Dely Brahim y Ben Aknoun y la transportaba hasta la Casba para abastecer la Ciudadela y catorce fuentes del casco antiguo. Estos vestigios son los últimos testigos del sistema hidráulico de la época de la Regencia de Argel. Los de Télémly, Hamma y Bir-Traria eran los otros tres acueductos que abastecían al resto de la ciudad.

■ BALCÓN SAN RAFAEL / EZ-ZAHIRA ⭐⭐⭐
Buffon; El Biar
Cerca del Ministerio de Justicia.
Desde lo alto del acantilado sobre el que se alza, este soberbio mirador natural ofrece una impresionante panorámica de la bahía de Argel. Propiedad del consulado sueco, que lo utilizaba como jardín, el terreno fue adquirido en 1913 por la empresa Claridge, que quería construir allí un hotel. El proyecto no llegó a materializarse y el terreno, clasificado entonces como «Sitio Pintoresco», fue vendido en 1928 al Ayuntamiento de Argel, que lo transformó en un jardín público con terrazas.

■ BIBLIOTECA NACIONAL DE ARGELIA ⭐⭐
Bulevar Mohamed Belouizdad
✆ +213 23 55 27 41; www.biblionat.dz
Inaugurada en 1994, la Biblioteca Nacional de Argelia en Hamma sustituyó

a la antigua biblioteca del bulevar Frantz Fanon. Esta última se había vuelto pequeña, y ahora es un anexo de la Biblioteca Nacional. El imponente edificio de trece plantas almacena no menos de diez millones de libros y alberga cuatro salas de lectura, un departamento de digitalización de fondos, un servicio audiovisual, una biblioteca infantil y un servicio de actividades culturales.

■ CENTRO DIOCESANO DE ESTUDIOS LES GLYCINES ⭐⭐

Camino Slimane Hocine (antiguo camino de Glycines), 5
☏ +213 23 46 12 80
www.glycines.org

El centro Glycines fue creado por el padre Henri Teissier en 1966 para los religiosos residentes en Argelia. Aún frecuentado por clérigos, acoge también a investigadores argelinos y extranjeros que trabajan sobre Argelia y el Magreb. Dispone de una biblioteca y un centro de aprendizaje del árabe dialectal y del tamazight, y ofrece alojamiento a los investigadores. Organizan regularmente conferencias, cursos de formación y actividades educativas.

■ CEMENTERIO CRISTIANO DE EL MADANIA (ANTIGUO BRU) ⭐⭐

Camino Mohamed Gacem
El Madania

Fue uno de los cementerios cristianos más importantes de la época colonial. Hay muchos personajes relevantes enterrados aquí, entre ellos Henri Maillot. Originario de Clos-Salembier (El Madania), Maillot luchó por la causa argelina uniéndose a unos maquis, y fue asesinado unos meses más tarde por el ejército francés. En su carta a la prensa escribió: «No soy musulmán, pero soy

Biblioteca Nacional.

argelino de origen europeo. Considero Argelia mi patria.»

■ CEMENTERIO DE EL KETTAR ⭐⭐

Avenida Ali Mechkal
☏ +213 21 96 96 96

Creado en 1838, es uno de los cementerios musulmanes más antiguos y grandes de Argel. La palabra *kettar* significa «destilería». Su nombre hace referencia a la *bridja*, un monumento funerario de la época otomana donde antaño se destilaban ramos de jazmín. Entre las 65 000 tumbas del cementerio se encuentran las de muchas de las principales figuras de Argelia, como los maestros del *chaâbi* El Hadj El-Anka, Dahmane El Harrachi y El Hadj M'Rizez, la cantante Fadela D'Ziria, el actor Rouiched y la esposa de Frantz Fanon. Magníficas vistas al mar.

■ **CEMENTERIOS CRISTIANO E ISRAELÍ DE BOLOGHINE**
Avenida Ziar Abdelkader
Al pie de la basílica de Nuestra Señora de África.
Cubierto por una bucólica vegetación, antiguamente era el cementerio de Saint-Eugène. El cementerio cristiano (1836) se compone de un centenar de espacios, entre ellas las de los cónsules y las de los primeros soldados muertos durante la conquista francesa de Argelia y la Primera Guerra Mundial. En el cementerio judío (1847), cuya entrada está en la parte trasera del cementerio cristiano, se encuentran las tumbas de los rabinos que fundaron la comunidad judía de Argel en el siglo XIV.

■ **DIAR DIAR ES-SAÂDA / EL-MAÇOUL**
El Madania
El suburbio de Diar El-Maçoul se encuentra al pie del Maqâm-Echahid; el suburbio de Diar Es-Saâda está detrás del cementerio cristiano.
Estos dos suburbios diseñados por Fernand Pouillon interesarán a los aficionados a la arquitectura. Ante la escasez de vivienda y el problema de los barrios de chabolas que surgían en la parte alta de la ciudad, y en los que se confinaba a los argelinos, el alcalde de Argel, Jacques Chevallier, elegido en 1953, emprendió un vasto programa de mejora de la vivienda en la capital. En este contexto, encargó a Fernand Pouillon, a quien nombró arquitecto municipal, la construcción de tres conjuntos residenciales: Diar Es-Saâda, Diar El-Maçoul y Climat de France.

▶ En poco más de un año se terminó el primer conjunto, **Diar Es-Saâda** («La ciudad de la Felicidad»). Compuesta por

732 viviendas modernas y totalmente equipadas, esta primera urbanización de «confort normal» se destinó a la población europea.

▶ La urbanización de **Diar El-Maçoul** se entregó en 1955 y está compuesta por 1550 viviendas. Se dividió en dos conjuntos, uno de «confort sencillo» para los argelinos y otro de «confort normal», compuesto por pisos más luminosos, espaciosos y con vistas al mar, destinado a los europeos.
Notablemente bien integradas en el lugar e inspiradas en los principios de la arquitectura mediterránea tradicional (patios, plazoletas, jardines, pórticos, etc.), estas dos urbanizaciones están construidas con piedra caliza y según un plan armonioso que respeta el equilibrio entre el espacio y el volumen de población. No te pierdas las cerámicas azules del minarete de la mezquita Bachir-Ibrahimi. El funicular de El Madania une el barrio de Belouizdad con Diar El-Maçoul.

■ **ESCUELA SUPERIOR DE BELLAS ARTES**
Bulevar Krim-Belkacem. Parque Zyriab
☎ +213 23 47 03 27
https://esba.dz
Fundada en 1843, es una escuela de arte que obtuvo la consideración de Escuela Nacional de Bellas Artes de Argel en 1881. El hermoso edificio, rodeado de jardines, acogió en su momento a prestigiosos estudiantes, entre ellos Paul Belmondo, el escultor, padre del famoso actor Jean-Paul Belmondo. Todavía se pueden ver allí dos bellísimos desnudos suyos. No dudes en visitar las instalaciones, pero infórmate también sobre los eventos que organizan por y para los estudiantes.

VISITA

■ GRAN MEZQUITA DE ARGEL (DJEMAÂ EL DJEZAÏR)

Pins Martimes El Mohammadia
✆ +213 33 33 33 33; eldjamaa.dz/
¡Una visita absolutamente imprescindible! Las obras de construcción de esta mezquita finalizaron en 2019 y fue inaugurada en octubre de 2020. Su monumental estructura la convierte en la mezquita más grande de África y la tercera del mundo después de La Meca y Medina (ambas en Arabia Saudí). Con una superficie de unas treinta hectáreas, el recinto incluye una sala de oración, un espacio de exposiciones, un museo de arte e historia islámicos, una mediateca, un anfiteatro y un centro de investigación. En total, puede acoger a 120 000 personas, mientras que la sala de oración puede albergar hasta 35 000 fieles.

▸ Con 265 metros de altura, su minarete es el más alto del mundo. Es accesible al público mediante unos ascensores panorámicos, y las vistas desde lo alto sobre Argel y su bahía son impresionantes.

▸ En 2021 ganó el Premio Anual de Arquitectura y Diseño del Museo Chicago Athenaeum y el Premio del Centro Europeo de Arquitectura.
Sin embargo, su desorbitado coste —según los informes cercano a los dos mil millones de dólares— causó controversia. Mucha gente pidió la paralización de las obras.

■ CUEVA DE CERVANTES

Bulevar Cervantes
Belouizdad (antiguo Belcourt).
En 1575, Miguel de Cervantes Saavedra (1547-1616) fue capturado por corsarios al mando del raïs Arnaout Mami. Permaneció cautivo en Argel durante cinco años. En 1577 consiguió escapar y se refugió en esta cueva, donde se ocultó durante siete meses esperando la llegada de una fragata española que debía liberarle, pero que fue apresada. Sin embargo, los corsarios lo encontraron y fue enviado de nuevo a prisión. En 1580, el hermano Juan Gil y otros cristianos lograron reunir la suma de 500 ducados de oro que solicitaba Aranout Mami para liberar al escritor. El cautiverio en Argel fue el argumento de varias de sus obras, como *Los baños*

© AMINE BENGUENAOUI

Gran Mezquita de Argel.

de Argel, La gran sultana, El trato de Argel o El gallardo español, aunque en todas ellas el cautiverio es únicamente una excusa para la fabulación.

■ JARDÍN BOTÁNICO DEL HOTEL EL-DJAZAIR ⭐⭐

Avenida de Souidani-Boudjemaâ, 24
El jardín botánico del hotel El-Djazaïr, antiguo hotel Saint-Georges, es un remanso de paz. Se trata de uno de los parques más bellos de la capital argelina, al que puede acceder todo el mundo. Cuando descubras lo difícil que es encontrar en Argel un parque donde pasear tranquilamente, te encantará venir aquí a leer a la sombra de las palmeras, rodeado de las fragancias mediterráneas de casi 350 especies de plantas. Una delicia, ¡te lo aseguramos!

■ JARDÍN DE PRAGA (ANTIGUO MARENGO) ⭐⭐

Bab-el-Oued
Este jardín en pendiente fue trazado por los prisioneros militares del coronel Marengo en 1833, en el anterior emplazamiento de un cementerio musulmán que a su vez cubría los restos de una necrópolis romana. Un amplio sendero atraviesa el parque, serpenteando entre una exuberante vegetación. La tumba de la Reina fue construida en 1848 en memoria de la reina Amelia, esposa del monarca francés Luis Felipe I. El jardín, que rodea el instituto de enseñanza Emir Abdelkader (antiguo Brugeaud), no es muy frecuentado.

■ JARDÍN EXPERIMENTAL DE HAMMA ⭐⭐⭐

Calles Mohamed Belouizdad y Hassiba Ben Bouali
El Hamma/ Belouizdad
www.jardinessai.com

Estación de metro Jardin d'Essai, junto a la entrada de la calle Belouizdad.
Auténtico pulmón verde de 32 hectáreas, el Jardín Experimental de Hamma reabrió sus puertas en 2009 tras diez años de abandono. Fue creado en 1832 en una antigua franja pantanosa entre la orilla del mar y las primeras laderas del bosque des Arcades, que necesitaba ser saneada. Hamma significa a la vez «barro» y «fiebre». Proveedor de plantones, desde 1838 este jardín fue el «vivero central del Gobierno», hasta que en 1861 se convirtió en el Jardín Científico y de Aclimatación de Plantas Exóticas. Entre 1842 y 1867 se introdujeron aquí numerosas especies vegetales, como araucarias, plátanos, palmeras, bambúes, dragos y ficus. Considerado uno de los jardines botánicos más bellos del mundo, fue visitado por Napoleón III en 1865 y despertó la curiosidad de Karl Marx, que descansaba entonces en Argel y paseó por allí en 1882. En 1914, los arquitectos franceses Régnier y Guion embellecieron y ampliaron el jardín, creando el Jardín Francés en torno a una majestuosa avenida de washingtonias. En 1918 el lugar se convirtió en un centro educativo, con una escuela de horticultura y otra de labores domésticas. En 1932 fue el escenario de la película Tarzán, el hombre mono, dirigida por W. S. Van Dyke y protagonizada por Johnny Weissmuller. El ficus gigante, de más de quince metros de alto y ancho, donde se rodaron algunas de las escenas exteriores, sigue siendo una de las principales atracciones del parque. En 1942 fue ocupado por los aliados, que lo convirtieron en depósito y taller de reparación de camiones. Muy dañado por los bombardeos, fue restaurado al final de la guerra. Tras

© THERUNOMAN - SHUTTERSTOCK.COM

Jardín experimental de Hamma.

la independencia, su gestión se confió al Instituto Nacional de Investigación Agronómica de Argelia, sustituido más tarde por la Agencia Nacional para la Conservación de la Naturaleza. El Jardín atravesó un período difícil, durante el cual fue despojado de más de la mitad de sus especies vegetales. De 2001 a 2009 se sometió a importantes obras de restauración.

▶ **El jardín hoy.** Con más de tres mil especies vegetales, es uno de los mayores jardines experimentales del mundo. Está estructurado en torno a la avenida de los Platanes, la avenida des Dragonniers, la avenida Ficus y la avenida des Cocos, y comprende un jardín francés en torno a la avenida Washingtonia y un jardín inglés con vegetación silvestre que incluye lianas y dos estanques. También hay varios invernaderos, un pequeño zoo y esculturas.

■ MARINA LES SABLETTES

El nuevo puerto deportivo conocido como «Les Sablettes» es muy agradable, con sus zonas de juegos infantiles, sus bares, los chiringuitos, sus vendedores de té… Se extiende a lo largo de todo el paseo marítimo del municipio de Mohammadia, y las obras continúan con el objetivo de llegar hasta el centro de Argel. El paseo es muy popular entre los corredores y las familias. Los días soleados está siempre muy concurrido en cuanto refresca un poco, hacia las cinco de la tarde. ¡No te pierdas la magnífica puesta de sol desde este lugar!

■ MONUMENTO A LOS MÁRTIRES

Explanada Riadh El-Feth; El Madania Construido en 1982, el Maqâm Echahid, también llamado «Houbel» por los argelinos, es un monumento en memoria de los mártires de la guerra de Argelia. De 92 metros de altura, está formado por tres palmeras de hormigón que simbolizan los tres pilares de la nueva Argelia: la agricultura, la industria y la cultura. Su construcción debía marcar el desplazamiento del centro de la ciudad hacia el sur. Bajo el monumento se encuentra el Museo Nacional del Moudjahid. Desde la balaustrada situada en lo alto del camino Omar Kechkar se puede disfrutar de una magnífica vista panorámica sobre la bahía y los barrios del sur.

■ MUSEO DE BELLAS ARTES

Dr. Laveran. El Hamma
✆ +213 551 40 20 70
www.musee-beauxarts.dz
Se accede por la parte trasera del edificio, en la calle del Doctor Laveran subiendo hacia el Maqâm Echahid.

Es sin duda uno de los museos más bellos e interesantes de Argel, y también uno de los mayores museos de arte de África.

▶ **Un poco de historia.** El elegante Museo Nacional de Bellas Artes, diseñado por Paul Guion, se alza majestuoso frente al Jardín Experimental. Inaugurado en 1930 con motivo del centenario de la institución, es el mayor museo de Argelia. Inicialmente recibió las colecciones del antiguo Museo Municipal de Bellas Artes, situado en el emplazamiento del hotel Safir, y luego fue ampliado bajo la dirección de Jean Alazard. Durante la guerra de Argelia, Francia repatrió muchas de las obras que contenía, y hubo que esperar hasta 1965 para que el museo reabriera sus puertas. En 1968, las obras requisadas por los franceses volvieron a la institución. El museo siguió creciendo gracias, sobre todo, a donaciones y a la adquisición de obras de artistas argelinos contemporáneos. Cuenta con una colección de pintura europea de los siglos XIV al XX (de Fantin-Latour, Pissaro, Gauguin, Corot,

Monet, Vuillard y Utrillo), así como de esculturas, con obras de Rodin, Maillol, Bourdelle y Belmondo. Hay tres salas dedicadas al Orientalismo, que se popularizó a partir de 1830, con obras de Eugène Delacroix, Alfred Dehodencq, Théodore Chassériau, Auguste Renoir, Eugène Fromentin y Etienne-Nasreddine Dinet. El arte argelino está representado por una colección de obras de Mohamed Temmam, Abdelhalim Hemche, Mohamed Ranem y Bachir Yellès, así como por artistas de la «escuela de los signos», entre ellos Mohamed Khadda, y los del colectivo Aouchem, como Denis Martínez, Baya, Mesli Choukri y otros. El movimiento argelinista está representado por obras de Albert Marquet, principalmente vistas del puerto.

El museo también cuenta con obras de artistas argelinos contemporáneos como Boutaleb, Mohamed Bouzid, Baya, Mohamed Khadda y Abdallah Benanteur, así como de varios artistas internacionales, como Wilfredo Lam, Roberto Matta y Ernest Pignon-Ernest, que apoyaron

VISITA

Museo de Bellas Artes.

la causa argelina y en 1963 donaron obras para la exposición «Arte y revolución». El gabinete de estampas cuenta con una sublime colección del maestro argelino de la miniatura y la iluminación, Mohamed Racim.

La biblioteca del museo ha sido renovada y desde abril de 2009 ofrece un nuevo espacio para la lectura, los encuentros culturales y los talleres. Su agradable terraza ofrece una vista sublime del Jardín Experimental. Es un lugar ideal para sentarse un rato y contemplar la exuberante vegetación del parque con el mar al fondo.

■ MUSEO NACIONAL DEL MOUDJAHID ★★★

Explanada Riad El-Feth. El Madania
℗ +213 550 12 52 79
Bajo el Maqâm Echahid (monumento a los Mártires).
Inaugurado en 1984, este museo recorre distintos conflictos bélicos, dedicando una gran parte de sus colecciones a la lucha contra la presencia francesa y a la guerra de Argelia: exposiciones de armas, objetos de guerra, documentos de archivo, fotos, informes, etc. En particular, descubrirás numerosos objetos personales y armas que pertenecieron al emir Abdelkader, así como un retrato suyo. Una visita interesante para comparar puntos de vista… En el sótano del museo se encuentra la cripta.

■ NUESTRA SEÑORA DE ÁFRICA ★★★★

Avenida de Ali Ourak, 3
℗ +213 23 15 40 19
www.notre-dame-afrique.org
Accesible en teleférico desde Bologhine (antigua Saint-Eugène).
Construida en 1872 sobre un promontorio

a 124 metros sobre el nivel del mar, la basílica de Nuestra Señora de África está considerada como la homóloga de Notre Dame de la Garde de Marsella. Su construcción culminó una tradición de peregrinaje que comenzó en 1846 por iniciativa de dos mujeres de Lyon, Marguerite Berger y Anna Cinquin, quienes colocaron una estatuilla de la Virgen en el tronco de un olivo de un barranco cercano como homenaje al santuario de su ciudad natal. La capilla de San José, construida en 1856, reemplazó a este primer lugar de peregrinaje antes de ser sustituida por la actual basílica, cuyas obras comenzaron en 1858.

Rematada por una cúpula decorada con una cruz y flanqueada por un campanario en forma de minarete con once campanas, la basílica está construida en estilo neobizantino. Su fachada está coronada por un friso de cerámica azul y blanca. En el interior, de estilo hispano-morisco, las paredes están cubiertas de exvotos ofrecidos por creyentes de todas las confesiones procedentes de Argelia y de toda África. Escritos en distintos idiomas, algunos de estos exvotos se remontan a los orígenes de la basílica. Entre ellos destacan el del padre Charles de Foucauld, el del astronauta Frank Borman, que visitó el santuario en 1970 y en el que está inscrita una palabra del Génesis pronunciada en el espacio en 1968, y los de los marineros que agradecen a la Virgen no haberles abandonado durante las tormentas.

En el ábside, cuyos muros están decorados con frescos que representan la vida de san Agustín y de su madre, santa Mónica, se encuentra la imagen de Nuestra Señora de África, obsequio de las alumnas del internado del Sagrado Corazón de Lyon, en 1838, a monseñor Dupuch. El bronce de la estatua se ha decolorado con el paso

© MTCURADO · ISTOCKPHOTO

VISITA

Basílica de Nuestra Señora de África.

del tiempo, lo que le ha valido el nombre de la «Virgen Negra». Su pedestal, decorado con cerámica azul, fue restaurado por el maestro artesano Mohamed Boumehdi, quien también realizó la cerámica a la derecha del corazón en homenaje a los Padres Blancos de Tizi Ouzou, asesinados en 1994. Los nombres de los monjes de Tibhirine, asesinados en 1996, también están inscritos cerca de esta imagen de la Virgen. Se dice que el órgano, bellamente decorado, fue elegido por Camille Saint-Saëns.

Dañada por los vientos marinos y los terremotos, la basílica fue objeto de importantes obras de restauración. Aquí se celebran conciertos de órgano y otros actos culturales. En la explanada, la estatua del cardenal Lavigerie, obra de J. Vezien, fue erigida en 1925 y restaurada en 2019. Las cerámicas colocadas a la derecha del coro en homenaje a los diecinueve monjes católicos asesinados en la década de 1990 se emplazaron allí

tras su beatificación en diciembre de 2018. Desde la plaza situada frente a la basílica se disfruta de unas magníficas vistas hacia los barrios del norte de la ciudad, los cementerios cristiano y judío (donde está enterrado Roger Hanin desde 2015), el estadio Omar Hamadi y el mar.

■ VILLA DEL TRATADO / DJENANE RAÏS-HAMIDOU ★★
Traité; El Biar

La Djenane Raïs-Hamidou, posteriormente llamada por los franceses Villa du Traité, es una de las 120 residencias de los *fahs*. Actualmente ocupada por un centro de salud, esta antigua residencia de verano del siglo XVIII perteneció al famoso corsario Rais Hamidou, quien hiciera cautivo a Cervantes en 1575. Fue dentro de estos muros donde se firmó el tratado de paz y rendición del dey Hussein el 5 de julio de 1830. La villa no se puede visitar, pero es posible admirar sus fachadas, sus puertas de madera tallada y la decoración de las ventanas.

SUR DE ARGEL

BLIDA ⭐

Situada al pie del Atlas, Blida, cuyo nombre significa «pequeña ciudad», goza de aire puro y de un entorno de gran calidad. Protegida de los vientos secos del sur por las estribaciones del Atlas, el clima y la hidrografía de la ciudad son ideales para el cultivo de los cereales, flores, frutas y hortalizas que han hecho tan rica a la región. Pero es sobre todo su situación en la ruta natural que conduce al sur desde la llanura aluvial de la Mitidja lo que le ha permitido desarrollarse.

La ciudad fue fundada en 1553 por Ahmed el-Kebir y posteriormente ampliada por Kheir ed-Dine Barbarroja para los musulmanes procedentes de Andalucía, que trajeron consigo el cultivo de árboles frutales, sobre todo naranjos, y su experiencia en irrigación. La ciudad, rodeada de rosales, recibió el apodo de *Ourdia*, «la pequeña rosa». Los ricos jenízaros y los rais aprovecharon la abundancia de esta población cercana a la capital para convertirla en una ciudad de placeres, a la que apodaron «la prostituta». Los franceses ocuparon finalmente Blida en 1839, catorce años después del terrible terremoto que destruyó la ciudad y mató a más de la mitad de sus habitantes. Fue reconstruida a partir de las ruinas mediante un trazado moderno de calles en ángulo recto y edificios de poca altura para reducir el impacto de nuevos temblores. Blida se convirtió en un floreciente centro agroalimentario y en una de las primeras bases militares del norte de África. Los días en que la ciudad, rodeada de rosales, organizaba cada primavera la batalla de las flores parecen ya lejanos, pero Blida sigue siendo una localidad muy agradable, con sus calles a la sombra de ficus y naranjos, donde resulta agradable pasear y hacer compras a pesar de los dolorosos recuerdos de una historia reciente que la convirtió en uno de los escenarios del «triángulo de la muerte» durante la década negra.

PARQUE NACIONAL DE CHRÉA ⭐⭐

Situado a 50 kilómetros al sureste de Blida, el Parque Nacional de Chréa se extiende a lo largo de 26 000 hectáreas en el corazón del Atlas de Blida. Entre las 500 especies vegetales catalogadas en el parque, destacan el cedro, la encina, el alcornoque, la tuya y el pino carrasco. Alberga también más de cien especies de aves y varios mamíferos, como el jabalí, la gineta, la mangosta, el zorro y, sobre todo, el mono de Gibraltar. El parque cuenta con lugares excepcionales, como las gargantas de la Chiffa y el arroyo de los Monos, el sendero del puerto des Fougères, el

© RAFIK STAMBOULI – SHUTTERSTOCK.COM

Parque Nacional de Chréa.

pico y el sendero de Sidi Abdelkader y la pequeña estación invernal de Chréa, a la que se llega por la sinuosa carretera N-37. Lejos del calor abrasador de la Mitidja, el pueblo de Chréa es apreciado por su frescor en verano. Desde su emplazamiento, la panorámica sobre el macizo, los bosques circundantes y la Mitidja es impresionante. En un día despejado se puede ver el mar, el monte Chenoua y un pequeño montículo a lo lejos que no es otra cosa que la Tumba de la Mujer Cristiana.

■ GARGANTAS DE CHIFFA Y ARROYO DE LOS MONOS

La carretera N-1 que conduce a Médéa remonta el Oued Chiffa a través de bosques y del parque. En las gargantas de Chiffa, las numerosas cascadas que se precipitan por las laderas del Atlas ofrecen grandes posibilidades para el baño. Observa la presencia de las antiguas vías férreas que unían Argel con Djelfa. El arroyo de los Monos (*ruisseau des Singes*) es la parte más pintoresca del desfiladero. Allí podrás ver numerosos monos que se han instalado en los bosques que rodean el arroyo.

MÉDÉA

A unos 40 km al sur de Blida y a una altitud de 920 metros, la Lambdia romana se encuentra en el centro de una depresión excavada por el río Chiffa entre el Atlas Blideano y el macizo de Ouarsenis, al pie del Djebel Nador (1108 m). La ciudad actual, fundada por los fatimíes y fortificada por los otomanos, se desarrolló en torno al cultivo de árboles frutales traídos desde al-Ándalus, antes de convertirse en uno de los símbolos de la resistencia contra los franceses a mediados del siglo XIX. Bajo la regencia otomana se decía de ella: «Médéa, ciudad de abundancia; si el mal entra por la mañana, sale por la tarde». Hoy Médéa es sobre todo un centro administrativo y residencial, sin demasiado interés para los turistas, pero sus alrededores sí son interesantes. Entre los lugares que no hay que perderse destaca el monasterio de Tibhirine. Cabe señalar

MAR MEDITERRÁNEO

ALREDEDORES DE ARGEL

Bou-Ismaïl

Aïn Tagourirt

Bou-Haroun

Cherchell

Djebel Chenoua
905 m

Tipasa

N-11

Attatba

hacia
Ténès

Nador

Sidi Rached

Sidi Amar

Hadjout

N-42

Chiffa

Menaceur

El Affroun

N-4

Hammam-
Righa

Bou Medfaa

Aïn N Sour

Tamesguida

Aïn Torki

Miliana

Djebel Nador
1108 m

Ben Allel

Zeddoudj

Djebel Gontas
871 m

Draa Esmar
1000 m

Khemis
Miliana

N-4

Sidi Lakhdar

Aïn Sultan

hacia Aïn Defla

N-18

Djendel

Ouamri

Haute Plaine

que la ciudad fue sacudida en 2016 por un violento terremoto de 5,3 grados en la escala de Richter, que causó daños materiales menores y 65 personas resultaron heridas. Afortunadamente, no hubo víctimas mortales.

■ MONASTERIO DE TIBHIRINE ★★★

© +213 25 79 17 05
www.monastere-tibhirine.org
A la salida de Médéa, una pequeña carretera que sale a la derecha en dirección a Draa Esmar sube al monasterio. El monasterio de Nuestra Señora del Atlas fue fundado en 1938 por un grupo de monjes trapenses en un terreno agrícola de Tibhirine, a siete kilómetros de Médéa.

El monasterio, que recibió el estatuto de abadía en 1947 y pasó a ser un priorato autónomo en 1984, se había convertido en lo que tanto deseaba el prior de la comunidad, Christian de Chergé: una «casa de oración para todos los pueblos». Los monjes de Tibhirine, que mantenían buenas relaciones con la población argelina, crearon una cooperativa agrícola con los habitantes del pueblo y cultivaron conjuntamente las tierras. A pesar del ascenso del FIS y de las amenazas islamistas, los monjes decidieron por unanimidad permanecer en Tibhirine. Siete de los nueve monjes que habitaban la abadía fueron secuestrados la noche del 26 al 27 de marzo de 1996. Su asesinato, varias semanas después del secuestro, se atribuyó al GIA, pero la investigación sigue abierta. Lugar de dolorosos recuerdos, el monasterio se está convirtiendo en una de las paradas ineludibles de cualquier peregrinación. Recientemente reabierto al público, ha sido objeto de obras de restauración y ahora es posible alojarse en él a cambio de una donación. Aquí se admite a cualquier persona, independientemente de su credo, para un retiro espiritual o para disfrutar de una experiencia de paz y tranquilidad.

▶ **Visitar el lugar.** En septiembre de 2016, el monasterio fue confiado por la Iglesia católica de Argelia a la Comunidad Chemin-Neuf. Para visitar las instalaciones puedes concertar una cita llamando al +213 696 231 022. Las visitas siempre van acompañadas de un guía (un hermano o hermana de la comunidad).

Por razones de seguridad, se pide a los visitantes extranjeros que traigan su pasaporte y visado, y dos fotocopias indicando en ellas los nombres de sus familiares.

▶ Testamento de Christian de Chergé (Argel, 1 de diciembre de 1993 - Tibhirine, 1 de enero de 1994)
«Si un día —y podría ser hoy— yo fuera víctima del terrorismo que ahora parece querer abarcar a todos los extranjeros que viven en Argelia, quisiera que mi comunidad, mi Iglesia y mi familia recordaran que mi vida fue entregada a Dios y a este país. Que acepten que el único Maestro de toda vida no es ajeno a esta partida repentina. Que recen por mí: ¿cómo ser digno de semejante ofrenda? Que sepan asociar esta muerte a tantas otras, tan violentas, tan indiferentes, tan anónimas. Mi vida no es más preciosa que las de los demás, ni menos. En cualquier caso, no tiene la inocencia de la infancia. He vivido lo suficiente para saber que soy cómplice del mal que parece, por desgracia, prevalecer en el mundo, e incluso del mal que me golpearía ciegamente. Cuando llegue el momento, me

gustaría tener la lucidez que me permitiera pedir el perdón de Dios y el de mis hermanos, y al mismo tiempo perdonar de todo corazón a quienes me han hecho daño. Nunca podría desear una muerte así. Creo que es importante decirlo. No veo cómo podría alegrarme si este pueblo al que amo fuera acusado indiscriminadamente de mi asesinato. Debérselo a un argelino, sea quien sea, sobre todo si dice actuar en fidelidad a lo que cree que es el islam, sería pagar un precio demasiado alto por lo que podría llamarse la «gracia del martirio». [...] Para mí, Argelia y el islam son otra cosa, son un cuerpo y un alma. Lo he proclamado a menudo, creo, a la luz de lo que he recibido de este país, redescubriendo tantas veces el hilo recto del Evangelio que aprendí en las rodillas de mi madre, mi primera Iglesia. Precisamente en Argelia, y ya respetando a los creyentes musulmanes. Mi muerte, por supuesto, parecerá reivindicar a quienes se apresuraron a llamarme ingenuo o idealista: «¡Que diga ahora lo que piensa!» Pero deben saber que mi curiosidad más persistente se desatará por fin. Aquí podré, si Dios quiere, hundir mi mirada en la del Padre para contemplar con él a sus hijos del islam tal como él los ve, todos iluminados por la gloria de Cristo, frutos de su pasión, investidos por el don del espíritu cuya alegría secreta

será siempre establecer la comunión y restablecer la semejanza jugando con las diferencias. Esta vida perdida, totalmente mía y totalmente suya, doy gracias a Dios, parece haberla querido enteramente para esta alegría, a pesar de todo. En esta acción de gracias en la que todo está dicho, de ahora en adelante en mi vida os incluyo por supuesto a vosotros, amigos de ayer y de hoy, y a vosotros, oh amigos míos aquí junto a mi madre y mi padre, mis hermanas y mis hermanos y los suyos, ¡cien veces concedido como prometido! Y a ti también, amigo mío de última hora, que no sabías lo que hacías. Sí, quiero este agradecimiento también para ti, y este «A Dios» que tienes en mente. Y que nos volvamos a encontrar como ladrones felices en el paraíso si le place a Dios, nuestro Padre. Amén ¡Inch'Allah!

▶ **Si quieres saber más, procura ver la magnífica película** de Xavier Beauvois *De dioses y hombres*. Galardonada en el Festival de Cannes de 2010, recorre los tres últimos años de la vida de los monjes de Tibhirine.

▶ **Conviene saberlo:** el monasterio no recibe subvenciones y vive únicamente de los ingresos de su producción agrícola a pequeña escala. También se pueden comprar productos en su pequeña tienda (mermeladas, miel, etc.).

VISITA

OESTE DE ARGEL

SIDI FREDJ

La península de Sidi Fredj (antes Sidi Ferruch) pertenece al municipio de Staoueli. Fue aquí donde el 14 de junio de 1830 desembarcó la expedición colonial

francesa comandada por el general De Bourmont, y también los americanos la noche del 8 de noviembre de 1942. Casi toda la ciudad está actualmente en construcción. Se han emprendido importantes obras de restauración.

© SÉBASTIEN CALLEUX

Playas en la península de Sidi Fredj.

Muchos establecimientos, incluido el centro de talasoterapia, están cerrados por obras. Hemos enumerado aquí los que aún están abiertos. Con sus playas, su pequeño puerto deportivo, su club náutico, sus restaurantes, sus hoteles, sus cafés, su cabaret, su bar, la estación termal… Sidi Fredj siempre ha sido un destino popular para los argelinos y debería serlo aún más después de estas obras de restauración. El bello conjunto arquitectónico, diseñado en la década de 1970 por el arquitecto Fernand Pouillon, se inspira en el estilo tradicional y en las construcciones moriscas: bóvedas, ménsulas sostenidas por contrafuertes, patios, *mashrabiyas,* etc. El antiguo fuerte, convertido en anfiteatro, acoge en verano numerosos espectáculos.

ZÉRALDA

Entre Sidi Fredj y Zéralda, son populares las hermosas playas de Palm Beach y Sables d'Or. El turístico pueblo de Zéralda es otra oportunidad para reencontrarse con la arquitectura tradicional. Hoteles, bungalós y villas blancas y luminosas fueron diseñados por Fernand Pouillon en el estilo ibadita típico del valle del M'Zab. El campo de los alrededores se dedica al cultivo de hortalizas y cítricos, y hay varias cooperativas.

CLUB DES PINS

El Club des Pins, un complejo turístico bastante elegante al que se llega rápidamente por la autopista del oeste, alberga también el Palacio de las Naciones, un gran centro internacional de conferencias, y el hotel Sheraton.

TIPASA

«En primavera, Tipasa está habitada por los dioses, y los dioses hablan en el sol y el olor a ajenjo, el mar revestido de plata, el cielo azul sin blanquear, las ruinas cubiertas de flores y la luz que se cuela entre los montones de piedras… Apenas en el fondo del paisaje puedo ver la masa negra del Chenoua, que echa raíces en las colinas que rodean el pueblo y se sacude con un ritmo seguro y pesado para ir a agazaparse en el mar.» Albert Camus, *Bodas.*

Al pie del monte Chenoua, la ciudad costera de Tipasa extiende sus vestigios a lo largo de las aguas turquesas del Mediterráneo, formando un paisaje sobrecogedor. Declarada Patrimonio de la Humanidad por la Unesco en 1982, Tipasa es un lugar magnífico para visitar; es difícil no caer bajo el hechizo de esta antigua ciudad que Albert Camus adoraba por sus vestigios cargados de historia y sus magníficas vistas al mar. Al entrar en la ciudad moderna se pasa junto a los complejos turísticos de Tipaza-Village (CET) y Corne d'Or. Diseñados por Fernand Pouillon en 1968, ambos acaban de ser restaurados y ocupan una posición privilegiada en la ensenada de Kouali. Están formados por bungalós de paredes encaladas y se inspiran en la arquitectura tradicional mediterránea y morisca. Pero es

el antiguo emplazamiento de la ciudad lo que más nos interesa. Su proximidad a Argel hace posible una excursión de un día, que puede combinarse con la Tumba de la Mujer Cristiana y con Cherchell. Para llegar a Cherchell desde Tipasa, te aconsejamos que te olvides de la autopista y sigas la carretera de la costa, una delicia que prolonga agradablemente la experiencia de visitar la que fue una de las ciudades más bellas del norte del África romanizado. Pasar unas horas entre las ruinas, casi a solas y en un silencio prácticamente absoluto, es viajar a otra época, gracias al encanto que ha conservado el lugar.

■ MAUSOLEO REAL DE MAURITANIA ★★★

Viniendo de Argel, unos kilómetros después de Aïn Tagourirt sale una carretera a la izquierda, en dirección a Sidi Rached, que lleva hasta la tumba.

Situado al este de Tipasa, este mausoleo se eleva a 261 metros sobre una de las verdes colinas del Sahel. Lo que desde lejos parece un montículo, es en realidad un edificio circular de 63 metros de diámetro con un tambor cilíndrico. Su muro exterior está decorado con sesenta columnas en relieve coronadas por capiteles de estilo jónico que sostienen una cornisa sobre la que se eleva un cono escalonado de piedra de treinta metros. Las molduras en forma de cruz cristiana de las falsas puertas situadas en los cuatro puntos cardinales explican sin duda por qué el mausoleo se llama erróneamente Tumba de la Cristiana. Algunos especialistas han sugerido que pudo ser la tumba de Juba II y su esposa Selene, hija de Cleopatra y Marco Antonio, pero otros creen que el edificio es más antiguo,

Estatua en el puerto de Tipasa.

© JEAN-PAUL LABOURDETTE

© MTCURADO - ISTOCKPHOTO

Mausoleo Real de Mauritania.

de entre los siglos III y I a. C. Está catalogado por la Unesco como Patrimonio de la Humanidad. Siempre ha despertado un gran interés, hasta el punto de que los otomanos bombardearon la parte superior del edificio porque suponían que contenía maravillosos tesoros. En 1865, unas excavaciones ordenadas por Napoleón III revelaron una entrada bajo la falsa puerta oriental. Los investigadores tuvieron que seguir un pasillo en espiral y atravesar dos puertas bien defendidas para llegar a una doble cámara funeraria, vacía, lo que sugiere que en su día se utilizó como tumba. El interior no está abierto a los visitantes. Sin embargo, se puede pasear a su alrededor: las vistas hacia la costa y la cordillera del Atlas son impresionantes.

■ MUSEO ARQUEOLÓGICO DE TIPASA ★★★

Calle del Puerto

Construido en 1955, el Museo Arqueológico de Tipasa alberga una gran riqueza de fondos históricos. Presenta una colección de restos relacionados con la vida civil y religiosa en la zona, así como objetos funerarios desenterrados en los dos principales yacimientos de la ciudad. En el patio se exponen elementos arquitectónicos como basas de columnas, fustes y capiteles, así como estelas púnicas. En la sala de exposiciones, impresiona el mosaico que decora la pared que da a la entrada. Se trata del «Mosaico de los cautivos» (siglo II d. C.), descubierto en 1913 en el suelo del ábside de la basílica judicial. Representa a tres cautivos rodeados de cabezas que simbolizan las razas africanas. El padre está desnudo y sentado sobre su escudo para simbolizar su resistencia a la romanización. Otro mosaico, que representa peces y lleva la inscripción *In Deo, Pax et Concordia sit convivio nostro,* hace referencia a una comida funeraria. El museo exhibe también una excelente colección de vidrios antiguos, sarcófagos de mármol (Pélope e Hipodamia, centauros marinos y nereidas), mesas funerarias, fragmentos de estelas púnicas utilizadas en el culto a la diosa Tanit, estatuas romanas, monedas, cerámicas y joyas. El museo complementa muy bien la visita al yacimiento arqueológico y es un recorrido rápido. Sin embargo, se echan en falta una guía y carteles más detallados que ayuden al visitante a comprender los objetos expuestos y su contexto. Para aficionados a la historia.

■ YACIMIENTO ARQUEOLÓGICO

Patrimonio Mundial de la Unesco, el yacimiento arqueológico cuenta con un conjunto único de vestigios romanos, fenicios, paleocristianos y bizantinos que atestiguan la riqueza de la antigua ciudad. Las setenta hectáreas de este encantador yacimiento situado junto al mar invitan al paseo. Para no perderte nada de la historia del lugar, contrata los servicios de un guía. Al pasear por el yacimiento, observarás unos hermosos árboles esculpidos, obra del artista

Djelloul Sahli, que devuelven la vida a árboles muertos cubriéndolos con rostros y motivos florales y animales.

CHERCHELL

Un poco aislada en la costa, a unos setenta kilómetros de Argel y protegida por una cadena montañosa, Cherchell merece una visita, a pesar de haberse convertido en la prima, a veces olvidada, de la cercana Tipasa.

Las escasas excavaciones realizadas en torno al cabo Tizirine, al este de la ciudad, y el faro erigido en un antiguo islote hoy unido a tierra, atestiguan la existencia de una organización urbana en el lugar al menos desde el siglo VI antes de Cristo. Dos siglos más tarde, los fenicios descubrieron Iol y su pequeño puerto de fácil acceso. En el siglo I a. C., la pequeña ciudad formaba parte del legado del rey mauritano Boccus, suegro de Jugurta, cuya caída provocó. El emperador romano Augusto confió el reino de Mauritania a

VISITA

© JEAN-PAUL LABOURDETTE

Yacimiento arqueológico.

Juba II en el año 25 d. C., quien eligió lol como capital y emprendió importantes transformaciones en la ciudad, a la que dio el nombre de Caesarea en homenaje a su benefactor.

■ MEZQUITA DE LAS CIEN COLUMNAS ⭐⭐
Pasteur

La Mezquita Mayor, conocida como la «mezquita de las cien columnas», está situada en el corazón del casco antiguo de Cherchell. Se cree que fue construida a principios del siglo XVI —concretamente en 1574— por gentes provenientes de al-Ándalus sobre el anterior emplazamiento de un templo romano, y muestra un estilo magrebí de inspiración andalusí. El centenar de columnas que la sostienen, y de las que toma su nombre, proceden sin duda de las termas del Oeste. Durante la época colonial, los franceses transformaron la mezquita en un hospital civil y militar.

■ MUSEO DE CHERCHELL ⭐⭐
Plaza de los Mártires

Diseñado en 1908 según los planos del arquitecto Régnier, este museo es testigo de la riqueza y la importancia de la ciudad en época romana. Acaba de ser magníficamente restaurado, y las estatuas se han dotado incluso de bases antisísmicas. Es un lugar maravilloso para visitar, así que tómate tu tiempo, aunque solo sea una hora. En sus cuatro galerías se expone una valiosísima colección de esculturas antiguas y magníficos mosaicos, bien conservados, desenterrados en el emplazamiento de Cherchell, en el puerto, en la playa o en las villas de los nobles. Entre todo ello, destacan las réplicas de obras helenísticas encargadas durante el reinado

de Juba II, como las estatuas de Baco —dios del vino—, Diana cazadora, Esculapio —dios de la medicina—, Apolo, Atenea y Venus, provenientes de las termas del Oeste. También se exponen bustos, cabezas y estatuas de Juba II y de miembros de la familia real (Cleopatra, Ptolomeo) de diferentes épocas. Algunos de los mosaicos se conservan intactos, como el espléndido *Mosaico de las Tres Gracias* (siglo IV) y el mosaico del siglo I o II que representa el trabajo en el campo. En el patio del museo hay varias fuentes ornamentadas con mosaicos, entre ellas una de la plaza romana (actual plaza de los Mártires). El museo ofrece una valiosa información sobre la historia grecorromana del lugar, con numerosas piezas únicas expuestas. Merece la pena visitarlo para conocer mejor la historia de la ciudad y su época antigua.

■ NUEVO MUSEO Y PARQUE DE LOS MOSAICOS ⭐⭐
Carretera principal
✆ +213 24 34 89 16

El Nuevo Museo fue construido en 1979 junto a la carretera de Argel, a unos quinientos metros al este del museo antiguo, directamente sobre las ruinas de una villa romana. Su objetivo era servir de apoyo al antiguo museo, que se había quedado pequeño para albergar nuevas piezas arqueológicas. Merece la pena visitarlo para completar la visita a Cherchell y el conocimiento de la época antigua de la ciudad, pero es mejor venir acompañado de un guía, ya que las explicaciones *in situ* no son demasiado abundantes. La primera sala está dedicada a una colección de objetos cotidianos (monedas, joyas, cerámicas) y funerarios (estelas, sarcófagos) de tres épocas: púnica, romana y musulmana. La segunda sala, dedicada al arte romano, presenta una serie de esculturas: bustos y cabezas de filósofos, divinidades romanas de origen griego, así como fragmentos de relieves y frescos que adornaban las paredes de las villas. Los finísimos mosaicos descubiertos en los años 1960 se han reunido en un único lugar, el Parque de

los Mosaicos, para su conservación. Estos mosaicos, procedentes de las salas de recepción de las casas de los habitantes acomodados de Caesarea, presentan motivos inspirados en la vida cotidiana o en la mitología (Teseo y el Minotauro, el Tocador de Venus, etc.). Su estado de conservación es notable. El parque alberga también esculturas al aire libre, fuentes y columnas.

ESTE DE ARGEL

VISITA

BORDJ EL KIFFAN

Situada a unos quince kilómetros de Argel, entre la desembocadura del *uadi* El Harrach y el cabo Matifou, Bordj El Kiffan toma su nombre del fuerte construido por los otomanos en el siglo XVI, que en español significa «fuerte de las dos rocas». Sin embargo, durante la época colonial los franceses la llamaron Fort-de-l'Eau. A mediados del siglo XIX, los mahoneses se instalaron en el municipio y desarrollaron la horticultura a lo largo de la costa. La comunidad menorquina tuvo una fuerte presencia en Argelia en el siglo XIX.
Centro turístico famoso por sus playas (Altairac, Verte rive, Lido, etc.), su casino y sus brochetas en el bulevar principal, la ciudad sigue siendo muy popular en verano, sobre todo entre los jóvenes, gracias a sus parques acuáticos y su circuito de *karts*.

AÏN TAYA

Aïn Taya se encuentra emplazada sobre un acantilado a veintidós kilómetros de Argel. El municipio es famoso por sus magníficas playas de arena fina (Surcouf, Deccaplage, El Qadous). Por lo tanto,

es sobre todo una ciudad turística. Es muy famosa por la punta de Jean Bart, una bonita cala con rocas donde todo el mundo acude a bañarse o sumergirse en los días soleados. Muchos *pieds-noirs* todavía conservan fotos de su familia en esta playa. Era un lugar de baño muy famoso antes de la independencia de Argelia, y todavía lo es hoy.

BOUMERDÉS ★★

Situada a tan solo sesenta kilómetros de Argel, junto a una playa muy extensa, Boumerdés quedó casi completamente destruida por el terremoto del 21 de mayo de 2003. Sus habitantes han ido siendo realojados poco a poco desde entonces, pero el seísmo fue especialmente mortífero y aún está fresco en la memoria de todos. Hoy, la ciudad luce radiante, muy distinta a como quedó tras la catástrofe. El centro es moderno y está bien cuidado. En cuanto al paseo marítimo, ofrece un largo y agradable recorrido flanqueado por restaurantes con barbacoas a precios bajos, así como un pequeño mercado de recuerdos durante el verano.

El noroeste de Argelia se extiende desde Orán hasta la frontera con Marruecos. Con la sublime ciudad de Orán como centro neurálgico, este sector de la costa argelina ofrece algunas de las playas más bellas del país, sobre todo en Aïn el Turck, una agradable localidad turística con varios complejos hoteleros bastante recientes. Más al este, las hermosas calas de Mostaganem harán las delicias de los amantes de los fondos marinos y de los baños más tranquilos. Desde el punto de vista cultural, Orán es una ciudad apasionante que rivaliza con Argel en patrimonio construido y belleza arquitectónica, por no hablar de sus diversos monumentos y museos. También tiene la ventaja de ser una urbe con una animada vida nocturna, mucho más que Argel. Su vecina, Tremecén, es más tranquila y menos festiva, pero imprescindible para los aficionados a la historia y la cultura por su excepcional patrimonio.

ORÁN ★★★★

Enclavada entre el Murdjajo, un macizo rocoso de cuarenta metros de altura, y el mar, Orán, la segunda ciudad de Argelia después de Argel, cuenta hoy con dos millones de habitantes. La ciudad fue fundada en el siglo XI por comerciantes musulmanes andalusíes. En el plano económico, Orán, capital de la *wilaya* del mismo nombre, es un dinámico centro industrial, con numerosas fábricas en Arzew-Bethioua, Es Senia y Hasi Ameur. También es un importante centro comercial, con un puerto que gestiona gran parte del tráfico con Europa. Lo que más le impresiona a los visitantes a su llegada es el magnífico paseo marítimo y su cornisa virgen, que contrasta con el azul intenso del mar. Para nosotros, el principal tesoro de Orán sigue siendo el fuerte de Santa Cruz, que domina la bahía y ofrece unas magníficas vistas de la ciudad. Si nunca has estado aquí, este es el lugar ideal para empezar. Tendrás unas vistas inmejorables sobre la ciudad, con la basílica de la Virgen de la Salud a tus pies, que acaba de ser magníficamente restaurada.

■ ANTIGUA SINAGOGA ★★

Bulevar Maréchal Joffre (bulevar Maata Mohamed Al-Habib)
Inaugurada en 1918, es la sinagoga más grande y hermosa de África. Fue convertida en mezquita y hoy lleva el nombre de Abdullah Ibn Salam Ibn Al-Harith (rabino convertido al islam y compañero del profeta Mahoma). Esta sinagoga, bastante deteriorada actualmente, se levanta frente al antiguo barrio judío, el barrio de Derb. Orán albergó una de las mayores comunidades judías de Argelia. Hasta 1962, fecha de la independencia, contaba con un templo, diez sinagogas, dos escuelas religiosas y un cementerio judío.

■ CATEDRAL DEL SAGRADO CORAZÓN (BIBLIOTECA MUNICIPAL) ★★

Bulevar Hammou-Bou-Tlelis, al final de la calle Larbi-Ben-M'Hidi.
Fue la segunda catedral de la ciudad durante el período colonial, recons-

truida en 1831 por los franceses sobre los restos de una iglesia española anterior levantada en 1509, pero que había sido en gran parte destruida por el terremoto de 1790. La construcción comenzó el 20 de abril de 1903 y finalizó el 9 de febrero de 1913. Fue consagrada el 9 de abril de 1930. Diseñada en estilo románico-bizantino por el arquitecto Albert Ballu, las obras fueron realizadas por la empresa constructora de los hermanos Auguste y Gustave Perret. En 1906 se terminó la cripta (hoy una mediateca) y el 3 de febrero de 1918 se inauguró el gran órgano Cavaillé-Coll-Mutin. La catedral se convirtió en biblioteca regional en 1984 y en biblioteca municipal en 1996. Este cambio de estatus fue posible gracias a monseñor Claverie, obispo de Orán, que confió la catedral del Sagrado Corazón al municipio en 1983.

En lo alto de una vasta escalinata, el pórtico está dominado por un frontón decorado con delicados mosaicos de motivos blanquecinos y azules realzados con oro. La fachada está flanqueada por dos campanarios cuadrados de ladrillo, rematados por una cruz de piedra que aún se conserva. En la nave, tres cúpulas preceden al coro, alojado bajo una gran cúpula. El patio delantero estaba adornado con una estatua ecuestre de Juana de Arco que dio nombre a la plaza, rodeada por ficus y palmeras.

■ CATEDRAL DE SANTA MARÍA Y CENTRO PIERRE CLAVERIE ★★
Frères Ould-Ahcène, 5
© +213 5 52 43 43 02

La catedral de Santa María alberga los restos del obispo Pierre Claverie, asesinado allí el 1 de agosto de 1996, durante el período de la década negra. Cerca de su tumba se puede ver la foto de Mohamed Bouchikhi, un amigo musulmán que fue asesinado con él cuando la traía de vuelta del aeropuerto; está enterrado en el cementerio de Sidi Bel Abbès. El actual obispo, Jean-Paul

VISITA

© CHAD – STOCK.ADOBE.COM

Vista de Orán.

Fuerte Lamoune

hacia Mers El-Kebir, cornisa y Les Andalouses

Antigua batería

Dársena de Ghazaouet

PUERTO

Dársena de Mostaganem

Puerto Viejo

Dársena de Arzew

Santa Cruz

Estación marítima

Fuerte Santa Cruz

MARSA

Teatro verde

Antigua iglesia de Saint Louis

Castillo Nuevo

Instituto Pasteur

Gran Mezquita

Mezquita de El Houari

CASBAH

Antigua capital del departamento

Place du 1er-Novembre

Teatro nacional

Correos

Mausoleo de Sidi El Houari

Ayuntamiento

Antigua catedral (biblioteca)

Rue Abderrahmane-Ahmed

Bd du Cdt-Abderrhamane-Mira

Antigua sinagoga

Bd Maata Mohamed-Habib

Palacio de Justicia

Zighout-Youcef

Cementerio Sidi El Gharib

Rue Djebbour-Maamar

Boulevard Zabana

Bd

Museo de Bellas Artes

M'DINA EL-DJEDIDA

ST-ANTOINE

Mercado

Cementerio judío

hacia Tlemcen, Misserghine

hacia Mascara

Vesco, podrá contarte más cosas sobre la vida de Pierre Claverie si está disponible cuando visites el templo.

■ CENTRO DE CONVENCIONES MOHAMED BENAHMED ★★

Les Genêts, camino de la wilaya, Carretera 75

℗ +213 41 621 102; www.gcco.dz

Este centro de convenciones, adyacente al hotel Le Méridien, es uno de los más grandes de África. Fue inaugurado en 2010 y cuenta con una avanzada tecnología. Con capacidad para 3500 personas, acoge una amplia gama de eventos: congresos, espectáculos y ferias de todo tipo, que se celebran regularmente en una sala de exposiciones. Para conocer todos los eventos pasados y futuros, echa un vistazo a la página web del centro.

Fuerte de Santa Cruz.

■ CAPILLA DE SANTA CRUZ ★★★

▶ **Fuerte de Santa Cruz.** Construido en un lugar estratégico, a 386 metros de altitud en el monte Aïdour (o Murdjadjo), el fuerte de Santa Cruz se ve a lo lejos desde Orán, e incluso se ha convertido en la postal de la ciudad. Es un sitio cargado de historia, sobre todo por las violentas batallas que tuvieron lugar allí. Se trata de una joya de la arquitectura militar española del siglo XVI. De belleza austera, está construido con sillares de piedra extraída del monte Murdjadjo. Lleva el nombre de uno de los gobernadores españoles de la época, el marqués de Santa Cruz.

▶ **Capilla de la Virgen y basílica de Notre-Dame-du-Salut.** Bajo el fuerte de Santa Cruz destaca el emplazamiento de la capilla de la Virgen, con una cúpula cuya blancura cegadora resalta sobre el azul intenso del mar y subraya la benevolencia de la Virgen de la Salud, también conocida como Lalla Mariam, que vela por la ciudad. Se construyó en el siglo XIX, tras una terrible epidemia de cólera, para llevar la protección de la Virgen a los habitantes. En la década de 1950 se añadió a la capilla la basílica de Nuestra Señora de la Salud, para acoger al creciente número de peregrinos. El emplazamiento de la basílica acaba de ser magníficamente restaurado, tras los trabajos realizados bajo el auspicio del obispo de Orán con el apoyo de las autoridades argelinas. Ha sido una restauración delicada pero especialmente acertada. Si nunca has estado en Orán, este es el lugar ideal para comenzar tu visita, ya que no solo te impresionará la belleza de la ciudad, sino que, sobre todo, disfrutarás de unas vistas inmejorables del núcleo urbano y del litoral, gracias sobre todo a la nueva plataforma panorámica situada sobre el templo. Desde allí arriba incluso podrás ver fácilmente los alrededores de la ciudad, incluido el lago Sebkha, un gran lago salado situado al sur, la cordillera de Tessala, el puerto de Mers El Kebir y la bahía de Orán hasta los acantilados de Kristel.

▶ **Conviene saberlo.** Para llegar en coche al sitio de Santa Cruz hay que tomar una carretera empinada y con muchas curvas. Ten cuidado: ¡es muy estrecha! Además, si antes se llegaba a Santa Cruz por la carretera que serpenteaba por el bosque des Planteurs, que ya no es recomendable por ser poco transitada, ahora es mejor la carretera que rodea la colina por el norte. Evita visitar el lugar después de las 17 h, ya que no es seguro al anochecer y se han denunciado varios robos y asaltos por la noche. Por la mañana y durante el día, en cambio, no hay problemas.

■ **FORTALEZA DE ROZALCASAR**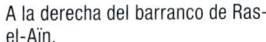
Sidi-el-Houari
A la derecha del barranco de Ras-el-Aïn.
Construida en el siglo XIV y modificada por los españoles entre 1509 y 1792, esta es la fortificación principal de Orán. Fue residencia del dey durante el período otomano y, posteriormente, cuartel general del mando de la división de Orán durante la ocupación francesa. Tiene murallas, fosos y túneles que conectan con los demás fuertes de la zona y con la ciudadela, y ofrece unas vistas excelentes hacia el puerto, el casco antiguo de Orán y el interior. En el lado este de la gran muralla se puede ver el escudo de armas del rey Felipe V, que también lleva inscrita la fecha de 1701.

■ **ESTACIÓN DE TREN**
Bulevar Mellah-Ali
Es la estación histórica de Orán. Se empezó a construir en 1903 y se terminó en 1913. Su arquitectura incorpora símbolos de las tres religiones del Libro. Con su estilo arquitectónico morisco, merece la pena visitarla, ¡pero no pienses en coger allí un tren! No te pierdas el reloj-minarete y la rotonda, cuyo interior está decorado con estucos y mosaicos, algunos en forma de estrellas de David. También merece la pena ver el escudo de la compañía ferroviaria PLM (París-Lyon-Marsella) incrustado en cada esquina del techo, junto con el de Orán.

■ **INSTITUTO CERVANTES DE ORÁN**
Saint Hubert
Cooperativa El Bahía (bulevar de la ANP), 14
✆ +213 40 43 01 63
https://oran.cervantes.es
El Instituto Cervantes de Orán constituye un espacio cultural de referencia para los visitantes españoles interesados en la historia y la vida cultural de esta ciudad, muy vinculada histórica y culturalmente a España. Su sede se encuentra en el barrio de Saint Hubert, en el bulevar de la ANP, en un edificio de valor patrimonial representativo del desarrollo urbano de Orán durante el período colonial. A lo largo del año, el Instituto abre sus puertas a residentes y viajeros mediante una agenda variada que incluye actividades musicales, exposiciones, cine, charlas y encuentros literarios, favoreciendo el intercambio cultural entre España y Argelia. Además de su función académica, es un lugar idóneo para descubrir la vitalidad cultural oranesa y entrar en contacto con la comunidad argelina.

VISITA

■ MUSEO DE ARTE MODERNO DE ORÁN (MAMO) ⭐⭐

Larbi-Ben-M'hidi

Este museo de arte moderno abrió sus puertas a finales de marzo de 2017 tras tres años de obras. Está instalado en las antiguas galerías comerciales argelinas construidas en la década de 1930, unos grandes almacenes de época que han sido magníficamente restaurados. Con una superficie de 6400 metros cuadrados, el MAMO consta de planta baja y cuatro pisos superiores que dan a un impresionante patio central de techos altos, todo ello muy luminoso.

■ PLAZA DEL 1 DE NOVIEMBRE – AYUNTAMIENTO Y TEATRO ⭐⭐

Plaza del 1 de noviembre

Réplica de la plaza del Teatro Nacional de Argel, se utilizaba originariamente para demostraciones militares fuera de las murallas de la ciudad vieja. En la década de 1860, aquí se vendía de todo. En el centro de la plaza, flanqueada por ficus y palmeras, una estela con la efigie del emir Abdelkader está coronada por una Victoria alada esculpida por Aimé-Jules Dalou. En su origen, este monumento conmemoraba a los *valientes* caídos en la batalla de Sidi-Brahim (1845) contra las tropas del emir Abdelkader. Pero después de la independencia se le añadió el bajorrelieve del emir, vencedor de la batalla.

▶ **En el lado sur, el ayuntamiento,** actual sede de gobierno de la APC (equivalente al municipio), fue construido entre 1882 y 1886. Su fachada principal está dominada por una escalera monumental custodiada por dos leones de bronce, obra de uno de los alumnos de Rodin, un tal Auguste Caïn, cuyo nombre y leones esculpidos inspiraron un texto de Albert Camus en *Le Minotaure ou la halte d'Oran*. En el interior, una magnífica escalera de mármol y ónice rojo conduce al primer piso, y se ha restaurado un espectacular techo de cristal.

▶ **En el lado oeste de la plaza se alza el teatro,** de estilo italiano, construido en 1907. El teatro lleva ahora el nombre de Abdelkader Alloula, primer dramaturgo argelino que escribió en árabe dialectal, en una época en que las autoridades apostaban por el árabe clásico. Lamentablemente, fue asesinado durante la década negra, el 10 de marzo de 1994.

■ PASEO IBN BADIS ⭐⭐

Paseo de Létang

Cerca de la plaza de Armas. Acceso por la calle de Turín o la Rampe Valles.

Este jardín fue trazado en 1836 por el general Létang, como indica una placa a la entrada. La flora incluye palmeras, ficus, cactus y dragos. Antiguamente estaba equipado con un eficaz sistema de riego y un quiosco de música. Este magnífico jardín con vistas al mar se encuentra junto a la muralla de Rozalcasar, justo enfrente del puerto de Orán. Cada 16 de abril, la asociación Bel Horizon organiza aquí una tertulia literaria y un paseo musical.

■ RESIDENCIA YVES SAINT-LAURENT ⭐⭐

Frères Chemloul, 11

℃ +213 5 60 51 94 63

Pocos lo saben, pero el célebre diseñador de moda Yves Saint-Laurent nació en Orán en 1936, donde pasó su infancia y adolescencia. Estudió en el instituto Lamoricière, hoy instituto Pasteur, en el centro de la ciudad, antes de trasladarse a París a los dieciocho años para iniciar su carrera en el mundo de la moda en el taller de Christian Dior. La casa fue comprada por un particular, el empresario Mohamed Affane, que la renovó y la convirtió en museo, el primer museo privado del país desde 2022. En el interior de esta casa amarilla y azul —el famoso «azul de Orán» que tanto gustaba al diseñador—, de dos plantas, los azulejos del salón no han cambiado y se han conservado algunos muebles. Otros se han adquirido a partir de las fotos de archivo de la familia, para recrear lo más fielmente posible el entorno de la época del modisto. También se han realizado obras en la estructura del edificio y en la carpintería para consolidarla. El personal del museo estará encantado de guiarle por las bellas estancias de la casa: el estudio, el salón, el comedor, las habitaciones, el cuarto de baño y, sobre todo, el estudio de Yves Saint-Laurent. Se exponen algunos bocetos del diseñador, fotografías de su familia

y de la casa, y objetos de época como los guantes que llevaba su madre… Una magnífica casa que ha vuelto a la vida y que bien merece visitarse, a pesar de que se realiza un recorrido guiado muy rápido y a un precio bastante prohibitivo para los lugareños.

SIDI BEL ABBÈS

Al sur de los montes de Tessala, que rodean la orilla meridional de la gran *sebja* de Orán (un lago salado de 32 000 hectáreas), la llanura y la ciudad de Sidi Bel Abbès están dominadas por la pesada masa calcárea de la *causse* (meseta calcárea) de Orán y los montes de Daïa. Cuna de la cantante Cheikha Remitti y de Marcel Cerdan, el boxeador que se casó con Édith Piaf, Sidi Bel Abbès está situada casi equidistante entre Orán y Tremecén, y lleva el nombre de un santón que se dice vivió aquí en el siglo XVIII; su morabito se encuentra a un kilómetro y medio del centro de la ciudad.

VISITA

Sidi Bel Abbès.

Para los visitantes, Sidi Bel Abbès es una ciudad dinámica, con calles rectas por las que es agradable pasear. La plaza del Ayuntamiento, con su quiosco de música, y el propio ayuntamiento evocan el período colonial francés.

AÏN TEMOUCHENT

La ciudad de Aïn Témouchent cuenta con numerosos atractivos, entre ellos sus ochenta kilómetros de costa prácticamente virgen, pero sigue estando algo apartada, empequeñecida entre las tres grandes ciudades de Orán, Tremecén y Sidi Bel Abbès. Sin embargo, su situación en el cruce de estas tres aglomeraciones le ha permitido desarrollarse rápidamente, hasta el punto de convertirse en el pequeño centro económico de su región.

En diciembre de 1999, un terremoto devastó gran parte de su casco antiguo, que pudo reconstruirse a la vez que se levantaron nuevos equipamientos gracias a un préstamo del Banco Mundial. El jardín público, por ejemplo, fue diseñado por un arquitecto paisajista argelino.

BENI SAF ⭐

Beni Saf es un encantador puerto pesquero con playas protegidas por verdes colinas, playas que suelen estar muy concurridas en verano. El pueblo fue fundado durante el período colonial francés, cuando, en 1850, los pescadores europeos encontraron filones de hierro en esta accidentada región. La iglesia y el puerto se terminaron en 1881, y el pueblo creció a medida que se explotaban nuevas minas, hasta que se cerraron en la década de 1970. La pesca es ahora el principal recurso

de la región. En la magnífica playa de Rachgoun desemboca el Oued Tafna. No muy lejos, en Oulhassa pueden verse los restos de un polvorín de la época del emir Abdelkader.

TREMECÉN ⭐⭐⭐⭐

Vecina de Orán, Tremecén es una ciudad más pequeña pero mucho más rica en historia y lugares de interés cultural, gracias a su situación geográfica en la encrucijada de las rutas que unen la costa y el Sáhara, así como Argelia y Marruecos. También es una de las cunas de la música andaluza. Sin embargo, la mentalidad aquí es mucho más conservadora que en Orán, considerada en comparación como una ciudad *hippy*… Tremecén no es lugar para salir de fiesta, como mucho se puede disfrutar de un buen café en una terraza.

Pero es agradable pasear por la ciudad bajo las hileras de arces del sur y de plátanos, que a veces le dan un aire parecido a Miliana. Para ir de compras, nada como una visita al mercado de la Kissaria, muy típico, donde es probable que te traigas de vuelta una bonita chilaba, prenda típica de Tremecén.

La ciudad acogió en 2011 el evento «Tremecén, capital de la cultura islámica», y para ello se sometió a una serie de renovaciones y remodelaciones. Fue entonces cuando se inauguró el impresionante hotel de lujo Renaissance, propiedad del grupo Marriott.

■ AGADIR ⭐⭐

En la salida hacia el este de Tremecén, abajo, en la continuación de la calle Mrabet-Mohamed. La fortaleza construida por Idriss I y los cimientos de la mezquita, cuyas ruinas

© CORTYN · SHUTTERSTOCK.COM

Gran Mezquita.

pueden verse a través de una verja frente al alminar, figuran sin duda entre los monumentos más antiguos de Tremecén. Agadir ha cambiado mucho a lo largo de los siglos, tras las medidas defensivas adoptadas por los omeyas cordobeses y los zianíes, quienes emprendieron importantes reformas. De la mezquita, construida a finales del siglo VIII, en el año 790, solo queda en pie el alminar mandado construir en el siglo XIII por Yaghmoracen, y hoy aislado en las afueras de la ciudad. Hay que subir 127 escalones para alcanzar su cima de casi 26 metros de altura. Las piedras utilizadas para su base procedían de edificios romanos, como demuestran las inscripciones en latín. Sus cimientos se encontraron durante unas excavaciones. Poco después del alminar, Bab El-Akba, la «puerta de la ascensión», es una de las puertas más antiguas.

Siguiendo por este camino se llega al bosque sagrado de Sidi Yacoub, que cobija bajo su sombra la sobria tumba del santo, la *koubba* de Sidi El-Ouahab, que se dice que albergó los restos de un compañero del profeta cercano a Okba, el conquistador del Magreb. Y también está allí la tumba de la Sultana, así llamada por contener el epitafio de una princesa descendiente de Yaghmoracen, fallecida en 1412, y el de una mujer de sangre real, aunque la tumba fue construida en realidad en el siglo XII por los almorávides. La *koubba* descansa sobre una base octogonal sostenida por arcos lobulados.

■ **GRAN MEZQUITA** ★★

Plaza del Emir-Abdelkader

Iniciada en 1102 por Youssef Ibn Tachfine, fundador almorávide de Tremecén, la construcción fue terminada por su hijo hacia 1135, quien embelleció el alminar, el mihrab —de inspiración andalusí, es uno de los más bellos del Magreb— y la cúpula que lo precede. Un siglo más tarde, Yaghmoracen hizo construir siete nuevas naves y una cúpula central. Situada en pleno centro de la ciudad, la Gran Mezquita destaca por la regularidad

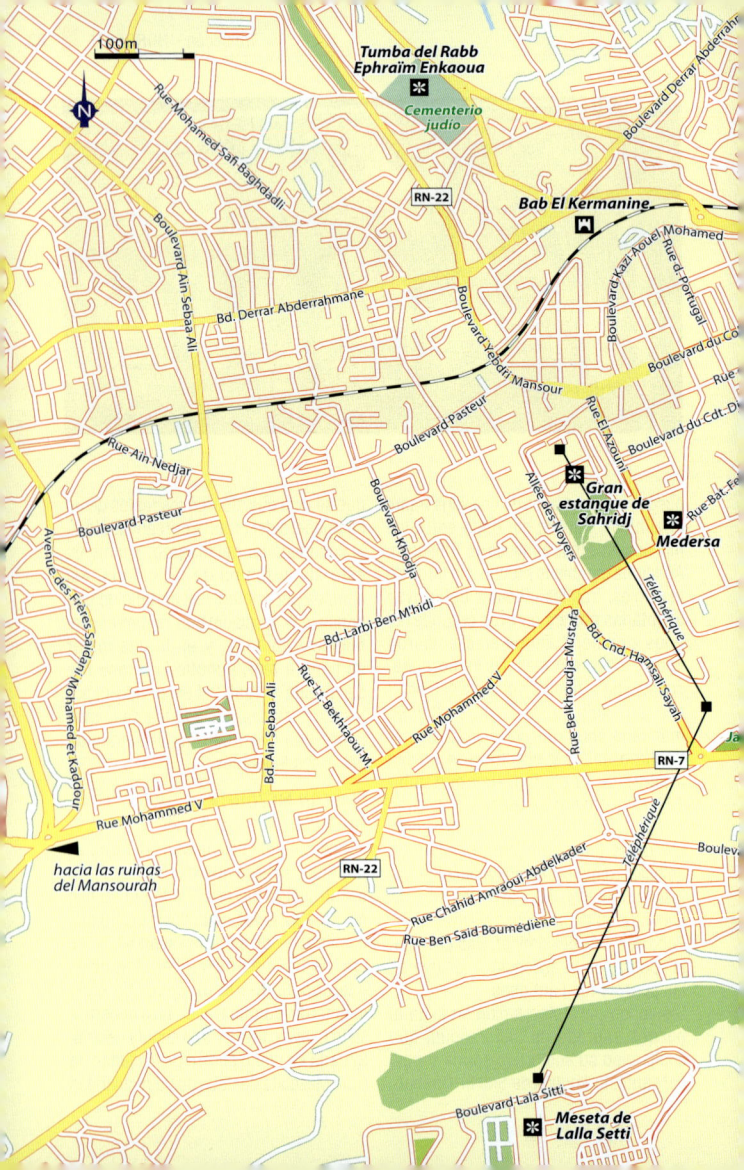

de sus armoniosas proporciones, su fina decoración y por ser una de las tres mezquitas almorávides de Argelia —las otras dos están en Argel y Nedroma—. En primer lugar, se accede a la gran sala de oración (50x25 m), compuesta por trece naves y cinco filas de 72 pilares de diferentes formas. En la pared sur, una lápida de madera finamente tallada evoca la antigua existencia de una excelente biblioteca fundada en el siglo XIV por el sultán Abu Hammou. El candelabro que adorna la nave central es una copia de un candelabro donado por Yaghmoracen, cuyos restos pueden verse en el museo de la ciudad. Esta sala conduce al patio, de 20x20 metros, en el que destaca una pila de ónice translúcido. El alminar rectangular de ladrillo, de 29 metros de altura y 133 escalones, es uno de los más antiguos del país. En el lado suroeste de la mezquita, la *koubba* de Sidi Merzouk es todo lo que queda de la necrópolis de Beni Zianes, y quizás podría albergar los restos de Yaghmoracen. Una parada ineludible durante tu estancia en Tremecén.

■ MEXUAR ★★★
Palacio del Mexuar
Entrada por la avenida del Comandante Ferradj.
Construida en 1145 en el emplazamiento de la tienda del rey Youssef Ibn Tachfine, la antigua ciudadela estaba destinada originalmente a albergar a los gobernadores almorávides y luego almohades. Se convirtió en palacio cuando el rey ziani decidió abandonar Qasr El-Qadim por este rectángulo de 200x150 metros. Embellecido en los siglos siguientes, el Mexuar debe su nombre a la sala donde se reunían los ministros del rey de Tremecén. La mezquita fue construida

hacia 1317 por el príncipe zianí Abou Hammou Moussa I, los muros exteriores del palacio fueron edificados por Abou Abbès Ahmed, y fue durante el reinado de Abou Hammou II cuando el Mexuar conoció su vida cortesana más suntuosa. Durante el período otomano, inaugurado con la ocupación de los hermanos Aroudj y Kheireddine «Barbarroja», el Mexuar se deterioró y algunos de sus edificios fueron demolidos, sobre todo durante la revuelta de la población local contra el bey Hassan en 1670. Tras el Tratado de Tafna (1837), las tropas de Abdelkader, entonces gobernador de Argelia occidental, ocuparon la fortaleza durante cuatro años, antes de que los franceses se hicieran cargo de ella e introdujeran algunos cambios, transformándola en un cuartel con hospital militar.
Cerrado al público hasta 1986 porque pertenecía al ejército, que había establecido allí la Escuela de Cadetes de la Revolución (leer *El escritor*, de Yasmina Khadra), el Mexuar recupera poco a poco su lugar en el centro de Tremecén. Hoy, sus murallas, varias veces restauradas, protegen una vasta explanada rodeada de edificios administrativos.

■ MUSEO NACIONAL DE CALIGRAFÍA ISLÁMICA ★★
Plaza Mohamed-Khemisti
Al final de la calle del 26 noviembre, justo al lado del Instituto francés de Tremecén.
Este museo se encuentra en el recinto de la mezquita de Sidi Bel Hassan. La mezquita fue construida en 1297 por Abu Said Othman, primer hijo de Yaghmoracen, en honor del emir Abu Amar Ibrahim, aunque lleva el nombre de Abu El-Hassan Ben Yekhlef El-Tenessi, erudito que vivió durante el reinado

de Abu Said Othman. La mezquita fue probablemente en su origen un oratorio principesco, pero se utilizó como granero al principio de la conquista francesa, antes de convertirse en tienda de forraje y alcohol, luego en escuela arabo-francesa y finalmente en museo, en 1901. El museo ocupa el oratorio de la antigua mezquita, la sala contigua, el antiguo patio y una sala del primer piso. Se exhiben objetos de arte almorávide y zianí, reliquias encontradas en las excavaciones de Siga, Hunaín y la mezquita de Agadir, así como monedas almohades y romanas. Lamentablemente, la información está principalmente en árabe, por lo que es mejor visitarlo con un guía que pueda explicarte los objetos expuestos en francés o inglés. Todos los años, en abril, el museo organiza las «Noches de caligrafía y manuscritos», un evento de varios días en el que se llevan a cabo exposiciones, conferencias y talleres de caligrafía. Es un acontecimiento cultural excelente para descubrir el uso de la letra árabe en distintos campos y sensibilizar al público sobre la conservación de manuscritos antiguos. En 2025 se celebró la 8.ª edición de este evento.

■ TUMBA DEL RABINO EFRAÍN ENKAOUA ⭐⭐

Justo después de Bab El-Kermadine. Huyendo de la persecución de los judíos en España, los padres de Efraín se instalaron en 1391 en Tremecén, donde ya existía una importante comunidad judía. Tras formarse como médico, el joven se hizo un nombre por su piedad y consiguió reunir en el centro de Tremecén a los judíos dispersos por la región. A su muerte en 1442, la comunidad, agradecida, mandó construirle una tumba en el cementerio judío. Hoy, la tumba, marcada con piedras, es un lugar de peregrinación.

PARQUE NACIONAL DE TREMECÉN

Creado en 1993, el Parque Nacional de Tremecén es uno de los más jóvenes de Argelia. Está repleto de vestigios arqueológicos, como las ruinas de Mansourah, la mezquita de Sidi Boumediene, las cascadas y acantilados de El-Ourit, las cuevas de Beni Add y los bosques de Ifri, Zariffet y Aïn Fezza. La topografía del parque varía enormemente, desde las cordilleras de Hafir y Zarifet hasta las zonas más llanas de Aïn Fezza, El-Meffrouche y Lalla Setti. El clima también es muy diverso, con inviernos frescos en las tierras altas y zonas más áridas donde llueve menos y hace mucho más calor. Cada zona tiene su propia fauna y flora.

■ CUEVAS DE BENI ADD ⭐⭐

En Aïn Fezza, a menos de 20 kilómetros al este de Tremecén.
Estas cuevas son una joya de la naturaleza que no debes perderte. Se formaron hace 65 000 años en la piedra caliza del macizo de Tremecén, y constan de una profunda galería y una serie de salas, con fantásticas estalactitas y estalagmitas, que se extienden a lo largo de más de setecientos metros. La temperatura en su interior es de 13 °C durante todo el año, razón por la que antaño los agricultores locales las utilizaban como cámara frigorífica natural para almacenar sus verduras. Las cuevas fueron acondicionadas para recibir visitantes y están abiertas al público desde 2006.

VISITA

■ MANSOURAH

En el último año del siglo XIII, mientras se prolongaba el asedio que libraba contra Tremecén, el sultán meriní de Fez, Abu Yacoub, hizo construir una residencia real en las inmediaciones, así como alojamientos para refugiar a sus tropas durante el invierno. La nueva ciudad fue rodeada por una muralla y bautizada «modestamente» como el «campamento de la victoria», El-Mahala El-Mansourah. Durante los ocho años que duró el asedio de Tremecén, el campamento de Mansourah aglutinó las actividades comerciales de la ciudad sitiada, y llegó a competir seriamente con su vecina. Se construyeron caravasares para albergar caravanas, baños y una mezquita, y el conjunto adquirió el aspecto de una capital regional. Cuando Abu Yacoub fue asesinado por uno de sus esclavos, la demasiado joven Mansourah no pudo resistir el empuje defensivo de la sitiada Tremecén, y los meriníes fueron expulsados de las murallas de la nueva ciudad que habían creado. Pero en 1335, Abu El-Hassan volvió a la carga y no dio ninguna oportunidad a Tremecén. Mansourah recuperó su antiguo esplendor y se convirtió en la capital del gobierno meriní, dominada por el palacio de la Victoria, construido en la época. Más tarde, cuando Tremecén recuperó parte de su fuerza, Mansourah decayó hasta ser desmantelada y arrasada. No queda de ella mucho más que algunos elementos constructivos reciclados durante la edificación de otras mezquitas, fragmentos de los cerca de cuatro kilómetros de murallas que la rodeaban y de la musalla y, sobre todo, el alminar de cuarenta metros de altura de la mezquita y el monumental pórtico que solo se abre hacia el cielo.

■ MEZQUITA SIDI BOUMEDIENE
El-Eubbad
℡ +213 540 01 23 93

En la parte alta del bulevar del ALN, que pasa por delante del hotel Zianide. Choïab Ibn Hocine El-Andaloussi, conocido como Sidi Boumediene, nació en Sevilla en 1126. Fue iniciado en el sufismo en Fez por el jeque Abu Al-Hassan Ibn Harzihim, antes de retirarse a los alrededores de Tremecén. Su búsqueda espiritual lo llevó a La Meca, donde se convirtió en discípulo del jeque Sidi Abdelkader El-Djilali. Después partió para llevar sus enseñanzas a Bagdad, Sevilla y Córdoba, antes de establecerse en Bugía, donde se casó y pasó los últimos años de su vida. En 1197, el sultán de Marrakech le llamó, pero de camino a esta ciudad, cuando se acercaba a Tremecén, concretamente a Aïn-Tekbalet, se detuvo ante el *ribat* (monasterio-fortaleza) de El-Eubbad y exclamó «este es un buen lugar para dormir en paz» antes de caer en el «sueño eterno». Apodado «el jeque de los jeques» o el *ouali*, «el amigo de Dios», Sidi Boumediene es el perfecto santón, «el salvador» (*al ghaout*) al que todo se le pide, y su mausoleo es la meta de numerosas peregrinaciones. Uno de sus dichos más famosos es: «Alabando lo que cree, el creyente alaba su propia alma, por eso condena las creencias ajenas a la suya. Si fuera justo, no lo haría.» Saqueado e incendiado a principios de la década de 1990, el santuario ha sido objeto de importantes obras de renovación que le han devuelto su prístino esplendor.

La mezquita fue construida en 1328 por Abu El-Hassan, sultán meriní de Fez. Se accede a ella por una decena de escalones que llevan hasta un impre-

sionante pórtico monumental, cuya pesada puerta de madera de cedro, cubierta de placas de bronce fijadas con clavos finamente decorados, es tan maciza que requiere un sistema de cierre bastante sorprendente. Se dice que esta puerta, originaria de España, llegó milagrosamente sola por mar. Más allá del patio cuadrado, en cuyo centro hay una pila para las abluciones, la sala de oración consta de cinco naves. El delicado mihrab está cubierto por una magnífica cúpula calada. El *minbar*, de madera de cedro, fue un regalo del emir Abdelkader. Las dependencias situadas a ambos lados de la mezquita incluían baños, una madraza (1347) y una casa de huéspedes. El historiador Ibn Jaldún dio conferencias en la madraza. También allí se puede visitar su mausoleo, en lo alto de la escalera que arranca justo encima del yacimiento de Sidi Boumediene (pregunta en el lugar si no lo encuentras). Tras entrar en el santuario, hay una puerta a la izquierda y una estrecha escalera que baja hasta la tumba de Sidi Boumediene. Una visita obligada.

❚ MESETA DE LALLA SETTI ⭐⭐

Al sur de la ciudad, las montañas de Tremecén se elevan hacia dos mesetas. En la primera, a 805 metros de altitud, se construyó la antigua ciudad de Tremecén. La segunda, a 1025 metros, domina la ciudad actual. Se puede llegar a Lalla Setti en teleférico desde el Grand Bassin o el instituto Benzekri (en el centro de la ciudad), o bien tomando la carretera RN-22 que pasa por Mansourah y el pueblo de Béni-Boublen, o también, poco después de este último pueblo, tomando una pequeña carretera que sube a la izquierda para llegar a la *qubba* que alberga los restos de Lalla Setti, heroína

del gran asedio de Tremecén. Las vistas desde aquí son impresionantes.

NEDROMA

Situada a menos de cuarenta kilómetros al norte de Maghnia y a 58 al noroeste de Tremecén, este antiguo asentamiento bereber se convirtió en una floreciente ciudad en el siglo XII d. C., elegida por Abdelmoumen Ben Ali, fundador de la dinastía almohade, para ser la capital del Magreb, que estaba en proceso de unificar. A partir del siglo XV, Nedroma acogió a los refugiados andalusíes que huían de la Reconquista y se benefició de su dinamismo intelectual y sus habilidades artesanales. De esta época quedan vestigios de la muralla y las torres que protegían la ciudad, así como la gran mezquita construida bajo los almorávides (siglo XI) y embellecida con un alminar bajo los zianíes (siglo XIV). La ciudad ha conservado su aspecto islámico medieval, sobre todo gracias a su medina, erigida a finales del siglo XI al pie del monte Fellaoucène y dividida en cuatro barrios encerrados en murallas, de las que quedan algunos vestigios. Capital de la región del Trara, Nedroma es un centro de artesanía, que constituye una de sus principales actividades económicas. Hay talleres de alfareros, carpinteros y ebanistas, sastres y tejedores, sobre todo en el norte de la ciudad. En cuanto a la medina, cuenta con un gran número de tiendas.

GHAZAOUET

Fundada en 1845 por el mariscal Bugeaud, que quería abastecer por mar a los soldados acantonados en los cuarteles recién construidos en esta cala, la pequeña ciudad, cuyo

Ghazaouet.

nombre actual significa «conquista», está protegida por el macizo de Trara, con sus laderas cubiertas de pinos y cipreses. Se halla a solo 72 kilómetros al noroeste de Tremecén, de la que es su puerto, y a 170 kilómetros de Orán, cerca de la frontera con Marruecos. En la época francesa se llamaba Nemours, en honor de Luis de Orleans, duque de Nemours e hijo de Luis Felipe I. Fue aquí donde el emir Abdelkader se rindió a Enrique de Orleans en diciembre de 1847, tras una larga resistencia de unos quince años. La playa de Ghazaouet está custodiada por las Deux Frères, *Ad Frates* en la época romana, dos rocas de 25 metros de altura que emergen del agua. Tras la independencia, la ciudad experimentó un intenso desarrollo industrial, así como el auge de sus actividades portuarias. Desde Ghazaouet, pasando por Tounane, se puede llegar a algunas pequeñas y bonitas playas… Si tomas la carretera costera hacia el oeste, llegarás a una de las más bellas de todas: Marsa Bem M'Hidi, cerca de la desembocadura del *uadi* Kiss, también conocida como Port-Say o La Moscarda; está tan cerca de la frontera que comparte su arena con la playa marroquí de Saidía. Por el camino, también puedes optar por detenerte en Ouled Benayed o en Bieder.

◾ COSTA DE ORÁN A ARGEL ◾

MOSTAGANEM ★★

Situada en la orilla oriental del golfo de Arzew, a ochenta kilómetros al este de Orán, en una región antaño pantanosa y hoy dedicada al cultivo de arroz, cereales y árboles frutales, Mostaganem fue fundada en el siglo XI por los almorávides, y resistió tan bien a los españoles (1558) que estos decidieron detener allí sus incursiones por la costa argelina. Cuando llegaron los franceses, Mostaganem, apoyada por el emir Abdelkader, resistió varios años, hasta la batalla de Mazagran en 1840. Hoy en día, la ciudad debe su desarrollo a su puerto y a sus fábricas de procesados. Aquí podrás visitar la mezquita de Abou el-Hassan (siglo XIV), la casba y el barrio más reciente de Tidjdit, donde podrás tomar el sol en las excelentes playas de los alrededores, como la de Macta, a medio camino de Arzew, o la magnífica playa de Les Sablettes, repleta de restaurantes y pequeños comercios. Desde Mostaganem puedes seguir la costa hasta Ténès y luego el litoral de Dahra entre Ténès y Cherchell.

MUASKAR ⭐

Situada a cien kilómetros al sureste de Orán, a seiscientos metros de altitud, es una conocida zona de producción vinícola, protegida al norte por los montes de los Beni Chougran. Su historia comenzó hace al menos 400 000 años, edad de las osamentas humanas encontradas y catalogadas bajo el nombre de «hombre de Ternifine». A principios del siglo XVIII, la ciudad se convirtió en la sede de un beylicato turco, hasta la llegada de los españoles en 1791. En 1832, el emir Abdelkader decidió instalarse allí para resistir a los franceses, que ocuparon la ciudad entre 1834 y 1837, antes de dejarla en manos del «líder de los creyentes».

TIARET ⭐⭐

Al sur del macizo de Ouarsenis, a 1050 metros de altitud en la meseta de Sersou, donde prosperan los cultivos de cereales, la antigua Columnata o Tingartia romana fue destruida por los vándalos y ocupada posteriormente por los bizantinos, antes de convertirse en la capital de un reino númida en el siglo VI. En el siglo VIII, Tahert albergaba una importante comunidad ibadí (jariyitas) procedente de Túnez, que fueron expulsados por los fatimíes y huyeron hacia el sudeste en el siglo X para fundar Sedrata (Uargla) y luego las ciudades del M'Zab. En 1841, el gobernador francés Bugeaud hizo arrasar la ciudad porque el emir Abdelkader había constituido un

Muaskar, la antigua Mascara.

Tiaret.

VISITA

reducto de resistencia en el pueblo de Tagdempt, a seis kilómetros. Destruida varias veces y reconstruida en estilo colonial, Tiaret ha conservado pocas huellas de su prestigioso pasado, pero en las inmediaciones aún pueden verse yacimientos prehistóricos, tumbas que datan de los reinos bereberes y algunos restos rostémidas (del período ibadí).

■ YEGUADA DE CHAOUCHAOUA ★★
Carretera N-14
☏ +213 56 00 95 206

Para los aficionados a la equitación, se trata del criadero más importante de Argelia, que ha visto nacer sementales árabes pura sangre y bereberes y ha dado origen a famosas líneas de raza equinas. La yeguada se creó originariamente en 1877, con el nombre de Jumenterie de Tiaret, para seleccionar y producir sementales para el ejército colonial. Hoy es uno de los principales centros de cría y entrenamiento ecuestre del país. Su objetivo es también preservar las razas equinas locales, en particular el caballo bereber, raza de caballo de silla originaria del Magreb y que ya se montaba en la antigüedad, así como la arabo-bereber, cruce de pura sangre árabe y caballo bereber. Sin embargo, desde hace varios años el establecimiento se enfrenta a una serie de problemas, como el creciente deterioro de sus instalaciones, la falta de subvenciones estatales y el declive de la actividad. Frente a la mecanización, la necesidad de caballos disminuye constantemente, y las carreras de caballos nacidos en el país son prácticamente inexistentes. Mientras que a principios del siglo XX nacían hasta 22 000 potros en la yeguada, ahora solo alberga 208 caballos, la mitad de ellos pura sangre. Si te gustan los caballos, no dudes en pasear por el criadero. No lejos del lugar, unas ruinas apenas identificables atestiguan la existencia de Tahert, destruida en 908, que fue la primera capital de los ibadíes, musulmanes ortodoxos dirigidos por el persa Ibn Rostom, fundador de la dinastía de los rostomíes.

MILIANA

Fundada por Bologhine Ibn Ziri, bereber que también fundó Argel y Médéa, sobre el emplazamiento de la anterior ciudad romana de Zuccabar, Miliana domina los huertos de las laderas del monte Zaccar, que se alza sobre la localidad (1579 m). Incendiada en 1844, cuando llegaron los franceses para desalojar a los partidarios del emir Abdelkader, la ciudad en sí se asemeja a otras pequeñas poblaciones de estilo colonial. Sin embargo, aún quedan algunos vestigios de su rica historia, como las antiguas murallas, visibles desde la carretera de El Khemis, y el minarete blanco de la plaza del Emir Jaled, que perteneció a la mezquita de El-Batha, construida en el siglo X, a principios de la época turca, pero que ya no se conserva. En el minarete se instaló un reloj en 1884. Cerca de allí, una antigua casa donde se dice que vivió Abdelkader se ha convertido en museo. Restaurada, esta gran mansión de estilo morisco ha sido acondicionada y ahora exhibe recuerdos del emir y de la ciudad y sus alrededores. En la carretera de El Khemis, la antigua fábrica de armas del emir está abierta al público. La mezquita-museo de Sidi Ahmed Benyoussef, construida en 1774 por el bey de Orán, Sidi Mohamed El-Kebir, es un importante santuario dedicado a la memoria de un santo que se convirtió en patrón de la ciudad y predio la prosperidad de Miliana. La puerta del santuario, de estilo almohade, data del siglo XIV. El gran jardín público de la ciudad, creado en 1890, también merece una refrescante visita.

■ FÁBRICA DE ARMAS DEL EMIR ABDELKADER

Construida en 1889, esta fábrica de armas estuvo dirigida por Alquier-Cazes, un ingeniero de minas francés que había desertado del ejército galo para ponerse al servicio del emir Abdelkader. En aquella época, la fábrica se abastecía del mineral de hierro extraído de la cercana montaña de Zaccar. Aquí se fabricaban monturas de cañón y bayonetas. En junio de 1840, el mariscal Sylvain Charles Valée (1773-1846), que dirigía el ejército francés y había llegado a Miliana por la fuerza, encontró la fábrica abandonada por los trabajadores, que se habían tomado la molestia de sabotear las instalaciones. El ejército no pudo restablecer el funcionamiento de las máquinas, por lo que transformó la fábrica en una panadería utilizando los hornos y el gran molino que había en el lugar.

El actual Centro de Interpretación ha sido recientemente objeto de importantes obras de renovación. El recorrido escenográfico abarca el taller, donde se ha reconstruido la antigua fragua catalana utilizada para fabricar armas, los lugares de trabajo de los obreros con todo su equipo, la biblioteca y el patio de estilo morisco. Las salas de exposición presentan la historia de la fábrica y una bella colección de armas. La visita guiada por el personal del museo muestra el funcionamiento de la forja catalana, una tecnología que no existía en Argelia hasta que el emir Abdelkader consiguió importarla, y que funciona mediante un sistema hidráulico reproducido en el museo. Una visita muy interesante y didáctica.

LA CABILIA

El nombre de Cabilia procede del árabe Bilad Al-Qabail, «tierra de tribus», y en esta región cada población suele llevar el nombre de la tribu que habita en ella. La Cabilia, que ocupa la parte oriental del Atlas teliano, suele dividirse en cuatro subregiones. Está la Gran Cabilia, al oeste, alrededor del macizo del Djurdjura; la Pequeña Cabilia, marcada por el relieve de los Bibans y el monte Babor, al este de Bugía; la Cabilia de Collo, alrededor de Skikda, y la Cabilia oriental, a la vista de Annaba. A pesar de su aspecto accidentado, su relieve y sus bosques, la Cabilia está bastante densamente poblada.

Bien protegida por las cadenas montañosas y alejada de las principales vías de comunicación, la Cabilia nunca había reconocido dominación alguna hasta las revueltas de 1871. A partir de esta fecha, sus trabajadores comenzaron a emigrar a la Francia continental, convirtiéndose en la principal región de emigración argelina. Hoy en día, se ha industrializado en torno a Tizi Uzu y Bugía, y retiene mejor a sus jóvenes.

VISITA

TIZI UZU Y LA GRAN CABILIA

Tizi Uzu.

TIZI UZU ⭐

Entre el Mediterráneo y las cumbres del macizo del Djurdjura, Tizi Uzu, cuyo nombre en cabilio significa «paso de las retamas», se halla en la encrucijada de varias carreteras, a medio camino entre Argel y Bugía, el mar y las montañas cabilias, a doscientos metros de altitud. La ciudad está protegida al norte por el monte Belloua, una colina cubierta de robles. Durante mucho tiempo, Tizi Uzu se benefició de su situación privilegiada, pero en la década de 1980 entró en declive y ahora lucha por recuperar su atractivo, aunque de momento lo impidan una serie de obras destinadas precisamente a su mejora. En cualquier caso, el pueblo sigue siendo relativamente poco turístico y de escaso interés para los visitantes. Por otro lado, los senderistas

Tigzirt.

deberían evitar caminar solos por las montañas del Djurdjura por razones de seguridad. Aunque la región tiene fama de ser segura y no te ocurrirá nada ni en la ciudad ni en los pueblos, es mejor evitar las excursiones en solitario, ya que los turistas son detectados rápidamente y un mal encuentro no es imposible…

LA COSTA AL NORTE DE TIZI UZU

TIGZIRT ⭐

Esta bonita ciudad costera de la región de la Cabilia es un destino turístico muy popular en verano, con su animado puerto deportivo y sus playas de arena dorada. La localidad es ideal para relajarse y pasear junto al mar. Dispone de varias playas: la de Tassalast al oeste, la Grande Plage y la de Féraoun al este, frecuentadas principalmente por familias que vienen a relajarse y disfrutar de la zona. Elogiada por su medio ambiente y sus parajes naturales, la ciudad está siempre llena de gente en verano, por lo que suele tener problemas con el abastecimiento de agua durante la temporada estival.

Una de las atracciones turísticas de la ciudad es el islote situado frente a ella, que ha dado nombre a la ciudad, Tigzirt, palabra cabilia que significa «islote». Este pequeño jardín flotante emerge a unos 150 metros del puerto y está cubierto de cactus y acebuches. Rápidamente se convirtió en el emblema de la localidad, desde que esta fuera fundada por colonos franceses en 1880. En 2023 se celebró por primera vez la Gran travesía del islote de Tigzirt, un evento deportivo organizado por el Club du littoral de Tigzirt (CLT) para fomentar la natación. Los participantes deben nadar desde la playa del puerto hasta el islote y rodearlo antes de regresar al punto de partida.

BUGÍA Y LA PEQUEÑA CABILIA

BUGÍA ⭐⭐⭐

Situada en la costa, a 260 kilómetros al este de Argel, a 135 de Tizi Uzu y a 110 al noroeste de Sétif, Bugía es la capital de la Pequeña Cabilia. Es también la mayor ciudad de la Cabilia, con más de 915 000 habitantes.

La plaza Gueydon constituye el centro de la ciudad histórica, que se expandió durante la época francesa en torno a la casba, recientemente restaurada de forma magnífica. El casco antiguo se construyó a lo largo de la bahía, por encima del puerto y hacia las colinas. Alberga la oficina de correos, el APC (ayuntamiento), el teatro, la filmoteca y el Banco de Argelia… A su alrededor han crecido los nuevos barrios de El-Khmis, Daouadji, El-Qods, Aamriw y, más lejos, Sidi Ahmed e Ihaddaden, donde la actividad es más intensa.

© MTCURADO – ISTOCKPHOTO

Cúpula de la sinagoga de Bugía.

■ CASBA ⭐⭐

Enclavada en las laderas de los acantilados, alrededor de una pequeña plaza que domina el mar y a la que se accede por una escalinata, la ciudad vieja conserva algunos vestigios del período almohade que la vio nacer, y que irás descubriendo mientras paseas por sus laberínticas callejuelas. Su construcción data de 1154. Ibn Jaldún, intelectual del mundo árabe, impartió clases en la mezquita de la casba, razón por la cual se le ha dedicado una estatua que está emplazada a la entrada de la casba desde 2019. Baluartes, cobertizos, establos, panadería, casas con patio… no podrás verlo todo porque actualmente el lugar está siendo renovado.

PARQUE NACIONAL DE GOURAYA ⭐⭐

Con una superficie de 2080 hectáreas, este parque nacional se extiende al noroeste de Bugía. Incluye los parajes de Ayguades, cabo Carbon, cabo Bouak, el pico de los Monos (des Singes) y el fuerte Gouraya. Olivos, ajenjos, pinos carrascos, eucaliptos y matorrales tapizan este macizo montañoso. La rica fauna del parque incluye el mono de Gibraltar, que los visitantes avistarán fácilmente, así como jabalíes, chacales, conejos, puercoespines, caracales y gatos monteses. El parque acoge nada menos que 135 especies de aves, entre ellas buitres leonados, águilas reales y búhos reales. Para los excursionistas, diecisiete kilómetros de senderos atraviesan el parque.

VISITA

© MTCURADO - ISTOCKPHOTO

Parque Nacional de Gouraya.

◼ ENSENADA DE LES AYGUADES ⭐⭐

Sigue el sendero que bordea el acantilado y el cabo Noir para llegar a esta pequeña cala situada a medio camino del cabo Carbon. El nombre de *Ayguades* recuerda la proximidad de un manantial de agua dulce donde los marineros acudían a beber. En esta cala desembarcaron los españoles en 1507 antes de ser expulsados de nuevo al mar por Salah Raïs. También llega hasta aquí un camino de carros; el cruce se halla a mitad de camino de la carretera del cabo Carbon. La cala, de guijarros y rocas y rodeada de vegetación, es un lugar magnífico para bañarse.

◼ CABO CARBON ⭐⭐

Una carretera asciende al norte de Bugía, entre olivos y pinos, bordeando las alturas del monte Gouraya. Un pequeño túnel lleva al espectacular cabo Carbon, un islote unido a la costa por un pequeño istmo aluvial. Allí, un sendero conduce a un faro de 220 metros de altura, uno de los más altos del Mediterráneo, que domina unas calas fabulosas, con magníficas vistas al mar. También podrás ver aquí algunos monos de Gibraltar, visitantes habituales de la zona. Pero no podrás subir al faro, ya que el ejército ha tomado posesión del lugar.

◼ PICO DE LOS MONOS

Si hay una visita obligada en Bugía, ¡es esta! Una pequeña carretera serpenteante asciende al oeste de la ciudad hasta un pico que se eleva a 430 metros sobre la bahía, antes de continuar hacia el fuerte Gouraya y su lugar de culto venerado por las mujeres locales (Yemma Gouraya), un fuerte construido por los vándalos y luego transformado por los españoles y los otomanos, emplazado a 660 metros de altitud. Un buen paseo de medio día permite obtener vistas panorámicas del monte Djurdjura y de las dos Cabilias. También podrás cruzarte con algún mono de Gibraltar, ¡pero evita dar de comer a los animales!

TICHY ⭐

A unos quince kilómetros al este de Bugía, este pequeño pueblo y su hermosa playa de arena se han convertido en un popular destino de vacaciones estivales, con multitud de complejos turísticos. Desde Bugía hasta la desembocadura del *uadi* Agrioun, pasando por Tichy, la carretera bordea playas de arena, pero más allá del río y de Souk El-Thenine, las curvas ascienden sobre el Mediterráneo siguiendo una costa rocosa muy recortada en la ladera de la montaña. La Cornisa Cabilia, también conocida como Costa Esmeralda o Cornisa de Jijel, es una de las carreteras más bellas de la costa.

JIJEL ⭐⭐

Enclavada en el corazón de una exuberante región verde bendecida por abundantes precipitaciones, Jijel es una pequeña ciudad de vocación agrícola. El litoral montañoso de esta localidad está bordeado de playas de arena fina protegidas por los densos bosques de Taza, Guerrouche, Tamazguida y Oued-Zhor, que se benefician de un alto grado de humedad.

■ LAS CUEVAS MARAVILLOSAS (DAR EL-OUED) ⭐⭐

En la carretera N-43, entre Ziama Mansouriah y El-Aouana.
Es imposible hablar de la ciudad de Jijel sin mencionar estas grutas. Las cuevas Maravillosas se hallan junto a la salida —o entrada— de un túnel. Se abren en los acantilados de la cornisa y fueron descubiertas durante la perforación del túnel por el que pasa la carretera N-43. Sus paredes están decoradas con impresionantes concreciones calcáreas, estalactitas y estalagmitas sobre las que juega la luz… El único inconveniente es que a veces hay mucha gente.

PARQUE NACIONAL DE TAZA ⭐⭐

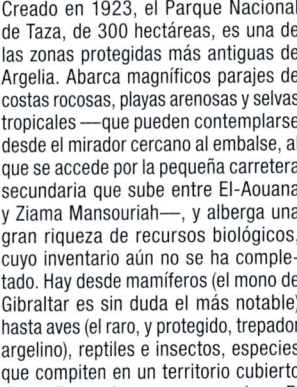

Creado en 1923, el Parque Nacional de Taza, de 300 hectáreas, es una de las zonas protegidas más antiguas de Argelia. Abarca magníficos parajes de costas rocosas, playas arenosas y selvas tropicales —que pueden contemplarse desde el mirador cercano al embalse, al que se accede por la pequeña carretera secundaria que sube entre El-Aouana y Ziama Mansouriah—, y alberga una gran riqueza de recursos biológicos, cuyo inventario aún no se ha completado. Hay desde mamíferos (el mono de Gibraltar es sin duda el más notable) hasta aves (el raro, y protegido, trepador argelino), reptiles e insectos, especies que compiten en un territorio cubierto de quejigos, alcornoques y cedros. El parque fue declarado Reserva de la Biosfera por la Unesco en 2004.

SÉTIF ⭐⭐

Situada en una meseta a 1300 metros de altitud, en el cruce de las carreteras Argel-Constantina y Bugía-Biskra, Sétif (unos 650 000 habitantes) es una dinámica ciudad comercial, con un nuevo núcleo comercial muy moderno inaugurado en 2016 en pleno centro. Tras largas obras, el tranvía que circula por el centro de la ciudad fue inaugurado por fin en 2018. Esto ha aliviado la congestión del tráfico y ha hecho de Sétif un lugar mucho más agradable para vivir, con menos ruido y un centro en gran parte peatonal.

VISITA

◾ FUENTE AÏN-FOUARA ⭐⭐

Abane Ramdhane

Esta fuente con estatuas desnudas fue recientemente víctima de vandalismo por parte de un ultraconservador, pero recuperó su aspecto original poco después… Sin duda, la historia divirtió al público, y los medios de comunicación hicieron su agosto ridiculizando al agresor. Cuando hace calor, es un lugar muy agradable para refrescarse, y siempre hay gente de todas las edades haciéndose *selfies* allí. Al parecer, el agua es potable. Cuenta la leyenda que si la bebes, ¡volverás a Sétif!

◾ JARDÍN REFFAOUI ⭐⭐

Haffad Abdelmadid

Sétif cuenta con numerosos jardines y espacios verdes que merece la pena visitar. Por ejemplo, no te pierdas el jardín de Reffaoui (el antiguo jardín de Baral), que contiene los restos de unos baños romanos. En él hay también una cisterna de agua bien conservada —que en su día estuvo enterrada bajo tres metros de tierra— y que todavía sigue en uso. Se remonta a la época de plena prosperidad de la antigua Setifis romana. Hoy es un centro esencial para el suministro de agua potable, con el agua procedente de unas grandes cisternas cercanas.

◾ MUSEO PÚBLICO NACIONAL DE SÉTIF ⭐⭐

Avenida de la ALN
✆ +213 36 84 35 36
www.setif.com

Este museo arqueológico público, aún poco conocido, es un lugar que debe verse obligatoriamente. Su visita es fascinante y sus colecciones especialmente ricas. Fue el primer museo creado en Argelia tras la independencia y consta de cuatro

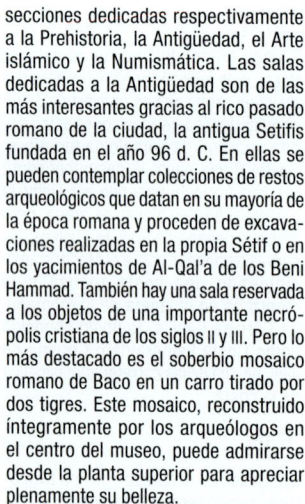

secciones dedicadas respectivamente a la Prehistoria, la Antigüedad, el Arte islámico y la Numismática. Las salas dedicadas a la Antigüedad son de las más interesantes gracias al rico pasado romano de la ciudad, la antigua Setifis fundada en el año 96 d. C. En ellas se pueden contemplar colecciones de restos arqueológicos que datan en su mayoría de la época romana y proceden de excavaciones realizadas en la propia Sétif o en los yacimientos de Al-Qal'a de los Beni Hammad. También hay una sala reservada a los objetos de una importante necrópolis cristiana de los siglos II y III. Pero lo más destacado es el soberbio mosaico romano de Baco en un carro tirado por dos tigres. Este mosaico, reconstruido íntegramente por los arqueólogos en el centro del museo, puede admirarse desde la planta superior para apreciar plenamente su belleza.

Un guía del museo te explicará por qué este mosaico romano del siglo IV es uno de los más bellos del mundo: la precisión de los microperforados coloreados lo convierte en una imagen pixelada anterior a su época, ¡incluso están representadas las sombras de las figuras! ¡Fascinante y apasionante! Además, el personal es muy amable.

DJÉMILA – CUICUL ⭐⭐⭐

Situada en un entorno de media montaña, entre los 1100 y 1200 metros sobre el nivel del mar, la antigua Djémila está construida sobre una suave pendiente que desciende hacia las ramblas de Guergour y Betane. La región era rica en recursos agrícolas, de los que Roma se benefició enormemente y que hicieron que la ciudad prosperara como granero. Aquí se cultivaban cereales y árboles

YACIMIENTO
DE DJÉMILA

Casa
de Europa

Antiguas
termas   Capitolio   Curia
Cardo Norte   Decumanus
Mercado de
Cosinio   Foro
antiguo
Basílica   Templo
de Venus
Arco del   Casa
Cardo   del Asno
Templo
Casa   Teatro
del Castor
Templo
Septimiano
Puerta Sur
Foro
Pozos, mercado del   nuevo   Basílica
tejido y letrinas   nueva
Arco de
Caracalla

Fuente

Baptisterio

0   100 m

Grandes
termas

Calle principal

frutales, y se criaba ganado vacuno y caballar para los ejércitos romanos. Como municipio, la ciudad se expandió más allá de sus murallas fortificadas; la muralla sur fue demolida bajo Caracalla para dar lugar a un nuevo foro. En el siglo IV se emprendieron importantes obras y la comunidad cristiana edificó una iglesia, un baptisterio y casas para el obispo y los sacerdotes en la colina sur. Tras varios años de agitación provocada por las revueltas de los donatistas y los circunceliones, y la llegada de los vándalos, Cuicul fue tomada por los bizantinos a mediados del siglo VI, antes de que los árabes llegaran en el siglo VII y le dieran su nombre actual, «la jolie» («la bonita»).

■ MUSEO DE DJÉMILA ⭐⭐
Yacimiento arqueológico de Djémila
✆ +213 777 615 147

El museo consta de tres salas, un jardín y un patio donde se conservan estatuas, columnas y capiteles… Entre ellas, las de Baco, Hércules y la cabeza colosal de Septimio Severo. Los altos muros de las salas están totalmente cubiertos de mosaicos, cada uno más maravilloso que el anterior. Podrás entretenerte en la contemplación del tocador de Venus, el rapto de Europa por Júpiter transformado en toro, un bestiario, etc., y echar un vistazo a las colecciones de pequeños objetos cotidianos y joyas finamente cinceladas. ¡No te lo pierdas!

■ YACIMIENTO ARQUEOLÓGICO DE DJÉMILA ⭐⭐⭐
✆ +213 773 788 898
Sería un gran error venir a Argelia y no visitar el yacimiento arqueológico de Djémila. Te sorprenderá la belleza del

lugar, su tranquilidad en medio de las montañas y sus restos increíblemente bien conservados. Su extensión es considerable, así que lleva buen calzado y prevé dedicar mucho tiempo: de dos a tres horas si quieres verlo todo y si realizas la visita guiada (hay guías disponibles en la taquilla, así que no dudes en preguntar). El yacimiento fue excavado por arqueólogos franceses entre 1901 y 1957, pero aún permanecen enterradas unas 40 hectáreas de las 75 de la antigua ciudad. La visita comienza por el museo, para pasar después a la parte cristiana, construida entre los siglos IV y V. Se pueden visitar el baptisterio y las basílicas, que eran el centro de la vida pública de la época. Un poco más abajo, a la derecha, un sendero permite desviarse para contemplar el teatro, extraordinariamente bien conservado, desde lo alto de una colina. Este mirador ofrece una vista perfecta de las gradas arqueadas. El teatro, que data del año 162 d. C., tenía capacidad para tres mil espectadores. Continúa hasta el imponente templo septimiano, dedicado a Septimio Severo y erigido en lo alto de una amplia escalinata que conduce a la plaza de los Severos o Nuevo Foro. Esta vasta explanada, que data de los siglos II y III d. C., estaba dispuesta en pendiente sobre una superficie de 3200 metros cuadrados. La calle que discurre hacia el noreste conduce al teatro.

De vuelta al Nuevo Foro, se llega al norte de la ciudad antigua, construida entre los siglos I y II d. C. Aquí se hallan el foro, reconocible por su pavimento regular, el templo de Venus Genitrix y un templo flanqueado por columnas corintias. Al norte del foro, el Capitolio era un edificio colosal donde se celebraba el culto a Júpiter, Juno y Minerva, en un altar reservado a los sacrificios. Sus bajorrelieves son evocadores. Al entrar en el santuario verás el busto de Júpiter, ¡una impresionante estatua de catorce metros de altura! Justo al lado, el mercado de Cosinus consta de una sala rectangular rodeada de columnas de mármol y mostradores de piedra que constituían la entrada a las tiendas. Una mesa de medición está perforada con tres cavidades de diferentes tamaños para medir el grano y los líquidos. La Casa de Europa, una rica residencia en la que se encontró un mosaico que representa el rapto de la bella mujer, y la Casa de Cástor, que albergaba termas privadas, son ejemplos de las ricas viviendas que se encuentran en esta parte de la ciudad. Abandona la ciudad primitiva por el cardo máximo, flanqueado por columnas, y regresa a la plaza de los Severos, dominada por el templo septimiano y el arco de triunfo de Caracalla, al suroeste. En 1839, el arco estuvo a punto de ser trasladado a París pero, finalmente, el deseo del duque de Orleans no llegó a cumplirse. Al subir por la calle hacia las grandes termas, no te pierdas la fuente cónica, única en el mundo.

La visita termina en las termas del emperador Cómodo, construidas en el año 183 d. C. y que ocupan una superficie de 2600 metros cuadrados. El complejo consta de varias salas dispuestas en un plano simétrico. Había un gimnasio, vestuarios y salas de agua —*sudarium, laconicum, caldarium, tepidarium y frigidarium*. Al lado, la Villa de Baco es la mayor del emplazamiento, con 6000 metros cuadrados. Aquí se encontró un mosaico que representa al dios del vino y que actualmente se conserva en el museo.

El noreste de Argelia, que se extiende desde Constantina hasta la frontera con Túnez, es una región rica y densa para los visitantes. Alberga dos de las mayores ciudades del país, Constantina y Annaba. La primera, capital del este y tercera ciudad de Argelia, es famosa por sus puentes suspendidos sobre las gargantas del Rummel, junto a las que está construida la ciudad. Por su parte, Annaba, cuarta ciudad del país, es una agradable localidad costera con un magnífico patrimonio colonial y cultural. Esta región también es rica en yacimientos arqueológicos: la antigua ciudad de Tiddis y, sobre todo, el yacimiento de Timgad, ambos catalogados por la Unesco como Patrimonio de la Humanidad. En cuanto a la naturaleza, no hay que perderse el macizo de Aurés, así como la agradable ciudad termal de Guelma y la bonita ciudad de Biskra, a las puertas del desierto.

CONSTANTINA ★★★

Constantina, que en el año 2000 celebró sus 2500 años de historia, es una de las ciudades más bellas y entrañables de Argelia. Con casi un millón de habitantes, es la tercera aglomeración urbana del país, por detrás de Argel y Orán.

En ella nacieron Abdelhamid Ben Badis, teólogo nacionalista y fundador de la Asociación de Ulemas Argelinos («Argelia es nuestra patria, el islam es nuestra religión, el árabe es nuestra lengua»), los escritores Kateb Yacine y Malek Haddad, el historiador Benjamin Stora, el cantante Enrico Macias, el periodista Paul Amar o el comediante francés Smaïn. El mariscal Juin y el escritor Rachid Boudjedra, que a menudo se refiere a Constantina en sus novelas, pasaron aquí su juventud. Constantina ha conservado muchos de sus oficios tradicionales, entre los que destacan el bordado en terciopelo (que se encuentra en preciosos pero caros vestidos de novia), la latonería, la caldererería, las tallas en madera y la alfarería.

Otra característica especial de Constantina es su música. Se solía tocar en los *funduqs* y es conocida sobre todo por el *malouf,* una forma de música de origen arabo-andalusí que se diferencia de la de Tremecén o Argel por el ritmo y la estructura de sus *noubas.* Otros estilos musicales son el *ouasfane* y el *z'jel* (música sacra de cofradías religiosas), el *f'kiret* o el *benoutat* (músicas femeninas), el *hawzi,* que proviene del oeste, y el *mahdjouz* (literario, atrevido). Constantina fue Capital de la Cultura Islámica del 5 de abril de 2015 al 5 de abril de 2016. Gracias a este acontecimiento, que atrajo a miles de visitantes, se acometieron numerosas reformas y obras en el centro de la ciudad. Se realizaron mejoras arquitectónicas en la casba, y en julio de 2014 se inauguró un nuevo y elegante puente de 756 metros de longitud, el puente Salah Bey, que une las zonas urbanas de la ciudad separadas por el desfiladero del Rummel.

También se inauguró un tranvía en julio de 2013, ampliado en 2019, para descongestionar el tráfico en el centro. Todas estas renovaciones han hecho de Constantina una de las ciudades más bellas y agradables de Argelia.

■ **MEMORIAL DE GUERRA** ⭐⭐

Este monumento erigido a principios del siglo XX en memoria de los soldados caídos en la Primera Guerra Mundial se encuentra al final del acantilado de la orilla derecha del Rummel, más allá del puente Sidi-M'Cid. Una vez aparcado el coche a sus pies, se accede a él por una bonita escalinata. La guinda del pastel es la vista desde la terraza semicircular situada frente al monumento, al borde del acantilado, a 635 metros de altitud. La panorámica sobre toda la ciudad de Constantina y sus alrededores es absolutamente mágica, y está acompañada por una mesa de orientación que data de 1936.

■ **MEZQUITA HASSAN BEY** ⭐⭐
Didouche Mourad

Esta mezquita comenzó a construirse en 1703 bajo el reinado del bey Hussein Bou Koumia y se terminó en 1730. En 1838 se convirtió al culto católico con el nombre de Nuestra Señora de los

Mezquita Hassan Bey.

Siete Dolores. Linda con la plaza del Comandante Si Houas y el palacio del bey. Su cúpula, ampliada, se inspira en la de la catedral de Florencia. Cuando fue nombrado aquí el primer párroco, el abate Suchet, los constantinenses musulmanes le regalaron un espléndido púlpito de madera tallada. También se conoce como «zoco El-Ghezal», en referencia al cercano «mercado de la lana».

■ **PALACIO DE AHMED BEY** ⭐⭐
Boulaklab Mostapha
✆ +213 675 36 44 71

Hadj Ahmed, uno de los héroes ya míticos de la resistencia anticolonial, hizo construir este palacio entre 1826 y 1835, a veces llamado Palacio de la División porque era el cuartel general del mando militar francés. Se entra por un pasillo que conduce a un bonito patio rodeado por las columnatas de las galerías reservadas a las mujeres (¡unas 390, según la leyenda!), el cual da acceso a su vez a varios patios y jardines interiores. Napoleón III plantó aquí un cedro del Líbano en 1865, durante su visita a la ciudad. Destacan los frescos de más de dos mil metros cuadrados restaurados en 1860. No hay que perderse el de la peregrinación de Constantino a La Meca, que muestra todos los puertos del Mediterráneo dominados por los otomanos: Argel, Túnez, La Goleta, Trípoli, Alejandría, El Cairo, Candia, Rodas, Yedda y Medina, con leyendas e ilustraciones de las viviendas, palmeras y árboles de hoja caduca según los diversos climas representados, distintos tipos de barcos, cañones, sables, etc. También hay un fresco que muestra la derrota de Carlos V en Argel (1541), un hecho que valió a la ciudad el sobrenombre de «la bien

Pasarela Mellah-Slimane.

guardada». Estos frescos impresionan por su carácter histórico en una época en la que el período otomano tocaba a su fin y comenzaba la era colonial.

Ocupado en su día por el ejército francés, el palacio fue muy admirado por los artistas visitantes, como se desprende de esta descripción del pintor Horace Vernet, que lo descubrió en 1837: «Imagínese una deliciosa decoración de ópera, todo mármol blanco y pinturas de los colores más vivos, de un gusto encantador, con el agua brotando de fuentes a la sombra de naranjos y mirtos… En fin, un sueño de las mil y una noches.» Este sueño se sustentaba en el tamaño del palacio (5610 m²), sus patios y sus paradisíacos jardines de estilo español, con galerías, fuentes, azulejos (¡cerca de 4000!), pilares y parterres de mármol. La arquitectura del palacio es una mezcla de arte morisco y barroco tardío. Para construirlo, los artesanos y artistas utilizaron a menudo materiales tomados de antiguas mansiones o ruinas romanas de los alrededores. Por

ejemplo, hay 247 columnas, que bien fueron importadas directamente de Italia a cambio de cargamentos de trigo, o bien provienen de otras viviendas antiguas. Derrotado por los franceses, Ahmed Bey se refugió en el Aurés, desde donde consiguió durante un tiempo organizar la resistencia en el este del país. Se rindió en 1848 y murió en 1850 en Argel, donde vivió bajo arresto domiciliario.

■ PASARELA MELLAH-SLIMANE

De aspecto similar al puente colgante Sidi M'Cid, la pasarela Mellah-Slimane (antigua pasarela Perrégaux), renovada en 2002 (estructura del puente y mantenimiento de los cables), se construyó entre 1917 y 1925. De 125 metros de largo y dos metros y medio de ancho, está reservada a los peatones que circulan entre la zona de la estación y el centro de la ciudad, al que se accede por unas escaleras o mediante un ascensor. En la plaza de la estación se puede ver una réplica de una estatua de Constantino.

■ PUENTE DE LAS CASCADAS

Es el último puente que cruza el *uadi*, donde el río Rummel abandona las gargantas para deslizarse hacia la llanura de Hamma tras una serie de vertiginosas caídas. Inspirado en el arco natural tallado sobre el propio Rummel, el puente se tendió entre las dos orillas en 1925 para facilitar el acceso a las fábricas del otro lado. En este punto, el *uadi* serpentea a lo largo de una grieta de doscientos metros de profundidad que se puede explorar a pie, y el puente marca el inicio del Camino de los turistas. Un poco antes, la carretera pasa cerca de los baños termales.

■ PUENTE DE SALAH BEY

Construido en 2010 por el arquitecto brasileño Andrade Gutiérrez, e inaugurado en 2014, muestra un diseño impresionante. Se trata de un puente atirantado con dos pilares principales que se elevan hasta una altura de 120 metros. Con una longitud de 756 metros para el viaducto principal y 1119 metros en total, une el centro de la ciudad (los barrios de Combattants, Bellevue y Kouhil Lakhdar) y la ciudad nueva, y salva las gargantas del río Rummel. Es el octavo puente de Constantina. Su nombre rinde homenaje a Salah Bey, quien fuera bey de la ciudad entre 1771 y 1792.

■ PUENTE SIDI RACHED

Lleva el nombre de un mausoleo situado en una roca cercana. Su construcción se inició en 1907 y fue inaugurado en abril de 1912, el mismo día que el puente colgante de Sidi M'Cid. En su momento fue el puente de piedra más alto del mundo. Está compuesto por 27 arcos de piedra, uno de ellos de setenta metros de longitud, que trazan una curva de 450 metros de longitud entre el centro de la ciudad y el barrio de la estación hasta la carretera que lleva a Batna, y salva el desfiladero a una altura de 105 metros. Aunque fue único en el momento de su inauguración, ahora tiene un hermano en Luxemburgo.

Puente de Salah Bey.

© SEBASTIEN CAILLEUX

Puente de Sidi M-Cid.

■ **PUENTE COLGANTE
DE SIDI M'CID** ⭐⭐

Elevado a 175 metros sobre el río Rummel, este puente colgante —utilizado en su día por el mariscal Juin y por Enrico Macias— mide 164 metros de largo y casi seis de ancho, y pesa 17 toneladas. Inaugurado en abril de 1912, al mismo tiempo que el puente Sidi-Rached, se construyó sobre el arco natural entre el bulevar de L'Abîme y el hospital, al que antes se accedía desviándose por el puente de El-Kantara. Desde este puente se obtienen unas vistas fantásticas de la garganta, la ciudad y el valle de Hamma.

■ **RÍO RUMMEL** ⭐⭐

Guy de Maupassant comparó las gargantas del Rummel con «un abismo rojo como quemado por llamas eternas», y Alexandre Dumas con una serpiente, pero el nombre que recibe el bulevar que las abre, L'Abîme (el abismo), es quizá la mejor comparación. Desde algunos miradores y desde lo alto de los puentes, sobre todo desde los colgantes, se puede comprobar la profundidad del abismo y sentirse físicamente absorbido por él. Para sacar el máximo provecho, conviene comenzar por el sur, por el puente Sidi-Rached y después subir hasta el puente Sidi M'Cid.

■ **CIUDAD VIEJA** ⭐⭐

A excepción de la Gran Mezquita del siglo XII (Djemaâ el-Kebir), de estilo hafsí, la mayoría de los edificios relevantes de Constantina se construyeron durante el período otomano. Para hacerse una idea del ambiente de este barrio, hay que recorrerlo por la mañana, cuando los habitantes de la ciudad se agolpan en torno a los puestos del zoco. Aquí puedes tomarte tu tiempo, pasear o sentarte en la terraza de algún café y saborear un expreso mientras degustas un pastel o un delicioso plato salado típico de Argelia. En definitiva, ¡disfrutar del lugar y del ambiente!

Bajo su aspecto ruinoso, el barrio conserva algunas residencias muy bellas de los siglos XVI y XVII, la mayoría en ruinas por causas ajenas a sus propietarios. No dejes de pasear por sus callejuelas y detenerte en las pequeñas tiendas para comprar especias, frutas y verduras o artesanía. Los caldereros se agrupan en la parte baja de la ciudad, pasado el hotel Cirta. En las afueras del casco antiguo, cerca de la pasarela Mellah-Slimane (antigua Perrégaux), la madraza del bulevar Larbi Ben M'Hidi, hoy parte de la universidad, es interesante por sus azulejos de cerámica policromada.

En lo alto del casco antiguo, pasado el barrio judío, la casba ha sido parcialmente renovada y está abierta al público desde 2015, año en que Constantina se convirtió en capital de la cultura islámica. Las fortificaciones que la rodean, que aún pueden verse en algunos lugares, fueron construidas con piedras romanas talladas por los árabes.

■ CIUDAD MODERNA

La ciudad moderna está dominada por la torre de 22 pisos de la Universidad Frères Mentouri, inaugurada en 1971 y construida según los planos del arquitecto y diseñador brasileño Oscar Niemeyer. Tampoco hay que perderse los dos gigantescos minaretes de la mezquita Emir-Abdelkader de la Universidad de Ciencias Islámicas, construida a principios de la década de 1970 con financiación conjunta argelino-saudí, y situada a cinco kilómetros al este de la Universidad Frères Mentouri. Más al sur se alza la nueva ciudad de Constantina Ali Mendjeli.

TIDDIS ★★

A unos 30 km río abajo de Constantina, en la carretera de El-Milia (no confundir con Mila, un poco más al oeste), la ciudad de origen númida de Tiddis no es hoy más que ruinas, pero el marco grandioso de las gargantas del Kheneg y el muy buen estado de conservación de los edificios la convierten en un lugar de gran interés. Rojas como la tierra y la roca de la colina sobre la que se construyó la ciudad, las murallas parcialmente derruidas delimitan calles, viviendas y templos inverosímiles que aún se mantienen en pie.

Yacimiento arqueológico de Tidis.

■ **YACIMIENTO ARQUEOLÓGICO** ⭐⭐

La visita a este yacimiento arqueológico comienza en un arco de triunfo que da paso a una vía principal. A continuación, se atraviesan unos templos púnicos dedicados al culto de Mitra, un baptisterio cristiano, un taller de alfarería, una panadería, etc., hasta llegar al foro romano. Más arriba, las torres de agua y las cisternas de todas las formas y tamaños recuerdan que la localidad había sido abandonada poco a poco por falta de manantiales. También hay túmulos y *bazinas,* tumbas circulares características de la región de Constantina. ¡Para toda la familia!

LOS AURÉS

Al sur de las mesetas de Constantina, los Aurés están formados por valles paralelos excavados por ramblas en lo que originariamente era un único macizo. Estos valles quedan aislados por pliegues difíciles de atravesar, que han hecho que la región sea comparada con una ciudadela. Con picos de más de dos mil metros de altitud —el monte Chelia alcanza los 2327 m—, los Aurés dominan la gran depresión que se extiende bajo el nivel del mar, donde se hallan la serie de *chotts* (lagos salados) del noreste del Sáhara. Delimitados, a grandes rasgos, por las ciudades de Batna, al norte, Jenchela, al este y Biskra, al suroeste, los Aurés despliegan paisajes marcados por grandes centinelas rocosos y profundos valles, auténticos oasis protegidos por escarpados acantilados cubiertos de bosques de cedros y pinos y, en las zonas más elevadas, una vegetación estiparia que amplifica su aspecto desolado y agreste, domesticado por los chaouis.

BATNA ⭐

Definitivamente asociado a un suave dulce de regaliz muy popular en Francia, el nombre de Batna significa «campamento» o «vivac». Tal vez se le dio este nombre porque la ciudad estaba idealmente situada en la confluencia de varias carreteras y era la última parada antes de entrar en los Aurés, del que también se la considera históricamente la «capital». En la actualidad, Batna es un animado centro administrativo y comercial, conocido como una de las ciudades mejor cuidadas del país, y sigue siendo un buen punto de partida para visitar sus fantásticos alrededores. Esta antigua base militar de los primeros tiempos de la colonización, situada a 1040 metros de altitud, es el punto de partida para descubrir los yacimientos de Medghassen, Lambaesis y Timgad, así como el bucle de los Aurés.

TIMGAD ⭐⭐⭐

Situada a 37 kilómetros al este de Batna, la antigua Thamugadi romana se encuentra en la vertiente norte de las montañas de los Aurés, a 1070 metros de altitud, junto a una calzada romana que unía Lambaesis con Théveste (Tébessa). Fundada a finales del siglo I d. C. bajo el gobierno del emperador Trajano, la ciudad romana, apodada la «Pompeya del norte de África» por su excelente estado de conservación, se salvó gracias a la arena y el abandono: no fue desenterrada hasta finales del siglo XIX. Había sido reconstruida por los bizantinos antes de ser destruida durante la conquista árabe en el siglo VII. El yacimiento está declarado Patrimonio de la Humanidad por la Unesco.

■ YACIMIENTO ARQUEOLÓGICO DE TIMGAD ★★★

Fundada en el año 100 d. C. por el emperador Trajano, Timgad fue la última deducción de colonia en África, es decir, una ciudad ocupada por ciudadanos romanos en un territorio que había sido conquistado. Al contemplar el trazado de la ciudad, se advierte de inmediato la regularidad de su disposición. Dentro de un cuadrilátero casi perfecto, dos calles principales se cruzan en ángulo recto a dos tercios de la plaza, en cuyo centro se halla el foro. Todas las demás calles discurren paralelas al *cardo* en sentido norte-sur y al *decumanus maximus* en sentido suroeste-noreste. La ciudad ocupaba originariamente doce hectáreas, antes de ser ampliada a más de noventa. La entrada principal a Timgad, cerca de la cual se erigía un templo dedicado a los genios de la urbe, estaba al oeste, al comienzo del *decumanus maximus*,

donde se hallaba el arco de Trajano que celebraba la victoria de este emperador sobre los partos. Esta vía, cuyas losas aún conservan las marcas de las ruedas de los carruajes, está flanqueada por los pórticos de antiguas tiendas.

Al otro lado del *decumanus,* los grandes baños orientales datan de principios del siglo II. En el extremo oriental de la calzada se hallaba la puerta con columnas de Mascula, la actual Jenchela. El foro, o plaza pública, medía 50x43 metros y estaba rodeado de arcadas; además, se erguían estatuas en honor de los notables del imperio sobre plintos que aún hoy son visibles. En una de las tiendas, que debió de ser una taberna, se encontró una inscripción que resume la filosofía de vida de los romanos: «Cazar, bañarse, jugar, reír, eso es vivir». Podían disfrutar de cualquiera de estas actividades en el teatro cercano, construido en el siglo II sobre una pequeña colina al sur del foro, y muy bien conservado.

Más adelante, al final del *cardo* meridional, las bellas casas de Hermafrodito

© ANTON_IVANOV · SHUTTERSTOCK.COM

Yacimiento arqueológico de Timgad.

y Sercio forman parte de un conjunto de edificios restaurados entre los que se encuentran las termas meridionales, cuyos sótanos se conservan en buen estado. Más allá de las termas se alza el barrio de los artesanos. Al otro lado del foro, en el cardo norte, la biblioteca estaba ricamente decorada. De vuelta a la entrada occidental, flanqueada por el mercado Sertius, donde los mostradores de las tiendas esperaban a los compradores, nos dirigimos hacia el capitolio, en el suroeste de la urbe.

Al oeste de los vestigios se alzan las grandes termas occidentales y las termas capitolinas. Más adelante, más allá de la puerta de Lambaesis y del *uadi*, una basílica bizantina, en buen estado de conservación, se alzaba junto a una necrópolis pagana.

BISKRA

Biskra es una ciudad de planta moderna y agradable, situada en la llanura y construida en forma de cuadrícula. Su desarrollo como ciudad industrial se remonta a la llegada del ferrocarril a principios del siglo XX.

SIDI OKBA

A diecisiete kilómetros al sureste de Biskra, camino de Jenchela, Sidi Okba es un magnífico oasis con decenas de miles de palmeras y jardines regados con el agua de la presa de Foum El-Gherza. El pueblo debe su nombre a Oqba Ibn Nafaâ, uno de los héroes de la conquista árabe del Magreb y fundador de Cairuán, en Túnez. A su regreso, tras haber llevado el islam hasta «el fin del mundo», Oqba se topó con la resistencia bereber liderada por el rey Kosaïla y posteriormente por la reina Dihia (también conocida como Kahina), y fue asesinado en el 684 en una batalla al pie de Biskra, y enterrado en el lugar. En el año 686 se construyó una mezquita alrededor de su mausoleo, que hoy en día se considera una de las más antiguas del Magreb, con partes que datan aún del siglo VIII. Fue edificada con madera, troncos de palmera y piedra, pero también con materiales reutilizados (como la puerta de cedro), en estilo arquitectónico medinés (inspirado en la primera mezquita construida en Medina).

ANNABA Y LA COSTA

ANNABA

Esta localidad se halla en la cabecera de la bahía de Annaba, Khelij El-Morjane, asomando a un litoral bellamente recortado, en la desembocadura del *uadi* Seybouse y protegida al oeste por el macizo de Edough. Es la cuarta ciudad de Argelia por población y por la importancia de su puerto, a lo que se añade la zona industrial de El-Hadjar, con sus densas humaredas. Pero sigue siendo una agradable ciudad costera con un suave aire meridional.

Al noroeste, en la prolongación de la calle Abdelhamid Ben Badis, una carretera costera bordea hermosas playas y se adentra en las estribaciones rocosas del macizo de Edough, atravesando bellos paisajes dominados por el verde de los robledales y los quejigos, y por el azul intenso del Mediterráneo. La llanura que se extiende al sur y al este de Annaba está cubierta de cultivos de frutas y hortalizas, que antaño casi rodeaban el centro de la ciudad.

■ BASÍLICA DE SAN AGUSTÍN ★★

© +213 38 84 51 50

A dos kilómetros y medio al oeste de Annaba. Sobre las ruinas.

Construida en 1881 sobre el anterior emplazamiento de un templo dedicado a Baal Hammon, dios venerado por los númidas, la basílica de San Agustín domina la cima de una colina. La construcción muestra una planta románica de estilo neobizantino. Los techos son de madera pintada. El ábside alberga un monumento funerario que representa a san Agustín en su lecho de muerte. El altar es una arqueta bereber de trescientos años de antigüedad. Detrás de la basílica, en la que se celebra misa los viernes y los domingos por la mañana,

© ANTON_IVANOV – SHUTTERSTOCK.COM

Hipona.

hay un hospicio para ancianos dirigido por las Hermanitas de los Pobres.

■ HIPONA ★★

Carretera de la Universidad. El Hadjar
© +213 38 434 787

Entre la maleza y las higueras que siempre consiguen abrirse paso a través de las viejas piedras, a riesgo de dañarlas irreparablemente, es fácil reconocer los restos de una zona residencial cuyas casas estaban decoradas con mosaicos y fuentes. El barrio cristiano, en torno a la basílica de la Paz de San Agustín, es fácilmente identificable por el ábside semicircular del templo, las grandes termas de las que proceden la mayoría de las estatuas del museo, la cisterna de Adriano, el teatro y el barrio del foro.

CABO DE GARDE ★★

Antes de rodear el cabo en dirección a Seraïdi, gira a la izquierda hacia el cabo de Garde y su faro, que marca el final de la carretera. También conocido como faro de Ras el Hamra (el cabo rojo), el edificio actual data de 1908, aunque su construcción se remonta a 1850. Se eleva casi 150 metros sobre el mar. No se puede visitar, pero las vistas desde el lugar son increíbles: hacia los escarpados acantilados que anuncian Chetaïbi y hacia el oeste de la península bañada por las aguas de la bahía de Skikda, iluminada al atardecer por magníficas puestas de sol.

SKIKDA ★★

La Russicada de los fenicios —o la Rusicade romana— era un puerto muy activo desde el que se embarcaban los productos cultivados en la región. Después de 1838, la ciudad se dedicó al transporte

Collo.

de productos procedentes de o con destino a Constantina, y recibió el nombre de Philippeville en honor de Luis Felipe de Orleans, entonces rey de los franceses. La ciudad poscolonial se desarrolló en el corazón del casco antiguo, en el barrio napolitano, donde vivía una mayoría de europeos procedentes del sur de Italia. Hoy, convertida en Skikda, su puerto sigue teniendo vocación comercial y ha sido ampliado con instalaciones gasísticas (licuefacción del gas natural de Hassi R'Mel) y petroquímicas (refinería, producción de plásticos, etc.), así como con unidades industriales que explotan los recursos de la región (hierro, plomo plateado, cementeras, canteras de mármol de Filfila, etc.).

COLLO ⭐

Los escarpados senderos de Collo bordean sus bonitas calas solitarias y conducen a la península de Djerda, una roca coronada por un faro, y a la playa de arena blanca de la bahía de las Jeunes Filles y la playa de Aïn el Doula. En verano, el pequeño puerto homenajea a la sardina y los numerosos chiringuitos garantizan el ambiente a lo largo del «bulevar».

Collo también cuenta con cuatro núcleos medievales: Bir-Etouil, Bir-Erkaid, El-Jarda y El-Azouline. En este barrio, los turistas se alojan en casas particulares. Aunque la llanura de Taleza, donde Yugurta, rey de los númidas, fue entregado a Sylla, está a punto de convertirse en la playa más importante, la Fontaine des Sangliers y la magnífica playa de Tamanart (a unos quince kilómetros al noroeste, en la carretera del cabo Bougaroun) siguen siendo las más populares.

Quien visite Collo no debe perderse la visita al faro ni una comida a base de sardinas asadas.

EL KALA

El Kala, o La Calle, siempre está abarrotado en verano. Te encantará pasear por el pequeño puerto y entre sus animadas terrazas, cerca de la bonita iglesia de piedra rubia. Todos los años, en agosto, se celebra aquí la fiesta del coral, que ya no vuelve a recolectarse en todo el año por motivos ecológicos. Es la ocasión de reunir a pescadores, artesanos y vendedores de joyas, en particular los de Ath Yenni, que tradicionalmente decoraban sus joyas con este coral de ricos colores. También se pueden encontrar objetos realizados con madera de brezo, uno de los oficios ancestrales de la ciudad.

AL SUR DE ANNABA

GUELMA

Emplazada a casi trescientos metros de altitud, en la ladera de una colina, Guelma bordea la carretera entre Constantina y Annaba. Antigua ciudad númida, se convirtió en romana en el siglo I a. C., tras la victoria de César sobre Juba I, y adoptó entonces el nombre de Calama. En la actualidad, la ciudad vive de la ganadería y el cultivo de cereales, así como de la industria transformadora y la fabricación de porcelana con caolín procedente de los yacimientos del monte Debagh.

■ HAMAM CHELLALA (ANTIGUO MESKOUTINE) ⭐⭐

A quince kilómetros al oeste de Guelma, allí donde las aguas termales brotan de la tierra a una temperatura de 90 °C, una de las más altas del planeta, la naturaleza ha creado un paisaje eminentemente dramático. Se trata de conos rocosos grises o «arroyos blancos» provocados por la caliza depositada por el agua, hasta formar una gran cascada donde, de nuevo, la erosión sobre la piedra caliza ha esculpido extrañas formas realzadas por el vapor emitido por el agua casi burbujeante. El lugar es fantástico.

SOUK AHRAS

Estratégicamente situada a 615 kilómetros al este de Argel, 95 al sureste de Annaba y 165 al este de Constantina, Souk Ahras ha desempeñado un papel importante en la historia de Argelia. Fue fundada durante la época númida con el nombre de Tagaste y fue un importante lugar de paso hacia Cartago. Se convirtió en colonia romana a finales del siglo I d. C., explotada por su riqueza agrícola. Aquí nació san Agustín, obispo de Hipona, quien describió la ciudad en sus *Confesiones* (397-401).

M'DAOUROUCH ⭐⭐

M'Daourouch, a treinta kilómetros al sur de Souk Ahras, en la carretera de Tébessa, es el lugar de nacimiento del filósofo Apuleyo (125-170 d. C., autor de *Las metamorfosis* o *El asno de oro*, y el emplazamiento de las escuelas que dieron fama a Tagaste y donde estudió san Agustín. Entre los vestigios más o menos de esta época se encuentran las ruinas romanas, un mausoleo, un teatro, las termas, una basílica cristiana, una fortaleza bizantina y restos de molinos de aceite. El lugar es magnífico, sobre

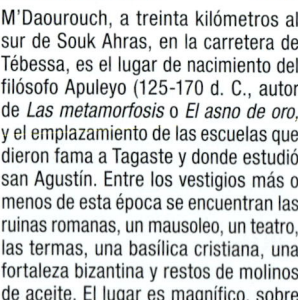

Tébessa.

todo a principios de la primavera, cuando se cubre de las violetas que le han dado el sobrenombre de «la malva».

KHEMISSA

Situada a 37 kilómetros al suroeste de Souk Ahras, junto a una pequeña carretera que se une al eje Guelma-Aïn Beida, Khemissa se llamaba Thubursicum Numidarum bajo el gobierno de Trajano. Es un sitio desconocido que merece ser descubierto. Entre otros vestigios, se pueden contemplar el foro, el capitolio, los grandes baños termales, un arco de triunfo de tres puertas, el teatro, una puerta monumental, la basílica y el fuerte bizantino. Aún es posible bañarse en una piscina de la época romana. Cerca, Ksar Tifech es una antigua ciudadela protegida por una muralla reforzada con diez torres cuadradas.

TÉBESSA

Saliendo de Souk Ahras se entra en la región minera más importante del país, que precede a la frontera con el sur tunecino (Gafsa, Gabes, Yerba). Tébessa, la antigua Theveste, sobresale por albergar un rico conjunto arqueológico. Alrededor de la ciudad se levantan las murallas erigidas en el año 535 por un general bizantino, que mandó reforzarlas con trece torres. Junto a ellas se alza un majestuoso arco de triunfo dedicado a Caracalla, que data del año 214. Muy cerca, un templo del siglo III alberga una colección de vestigios hallados en la región. El anfiteatro (siglo IV) también se conserva bien, al igual que el conjunto basilical acurrucado al pie de una basílica cristiana. Sus diversas capillas, baptisterios, catacumbas y jardines estaban protegidos por un muro que rodeaba el recinto.

SUR

El Sáhara es frágil… Inmutable, mineral, puro y duro, despiadado, aislado, inmenso… Puede que el desierto no parezca muy sensible a nuestra modesta presencia como turistas, pero no hay nada más frágil que estos «ecosistemas donde las especies animales y vegetales están al borde de la supervivencia», como dice Daniel Popp, cofundador de la agencia Terre d'Aventures. Théodore Monod, una de las personas que nos ha iniciado en el desierto, solía decir que este es como una iglesia, una mezquita o una sinagoga. Ese es el respeto que le debemos… En este entorno extremadamente seco, donde la humedad rara vez supera el 5 %, nada se pudre, por lo que nada se echa a perder. Ni siquiera las pieles de frutas y verduras, los trozos de papel higiénico o cualquier cosa que tires al suelo… Por eso es tan importante llevarse toda la basura, para conservar intacta esta región sencillamente espectacular.

OESTE SAHARIANO

En la encrucijada de las civilizaciones del Mediterráneo y de África, y antigua ruta del Sudán occidental, la vía a la que a menudo se hace referencia como «carretera de los oasis» sigue el valle del *uadi* Saoura, paralela al Gran Erg Occidental.

AÏN SÉFRA ⭐

En esta localidad, cuyo nombre significa «manantial amarillo», se instaló la exploradora y escritora Isabelle Eberhardt antes de morir en octubre de 1904 entre los escombros de su casa, cuando se inundó el *uadi*. A los pies del monte Mekhter, en la cordillera de Ksour, a más de mil metros de altitud, Aïn Sefra es un oasis rodeado de altas montañas rojizas, transformado en puesto militar por los franceses, que controlaban aquí una de las puertas de entrada al Sáhara. Un cordón de dunas de unos veinte metros de altura suaviza los afilados contornos. A principios del siglo XX se plantaron álamos para contener la arena que se precipita sobre las calles de la ciudad los días de viento. Pero es del *uadi* de lo que hay que cuidarse en Aïn Sefra. La ciudad sufre regularmente grandes inundaciones; las de octubre de 2007 desfiguraron el centro y dañaron gravemente el puente y la pasarela.

GRAN ERG OCCIDENTAL

Océano de dunas que a menudo superan los cien metros de altura, y cuyo pico más alto se eleva a 670 metros sobre el nivel del mar, el Grand Erg Occidental (80 000 m²) se extiende al sureste del Atlas sahariano, al norte de la meseta de Tademaït y al este del *uadi* Saoura. En esta vasta zona de dunas se encuentran los oasis más bellos de la región de Saoura o Timimoun, en Gourara, como los de Igli, Taghit y Béni Abbès. Al sur, la carretera del Gran Erg Occidental continúa hacia Adrar y Tuat.

Aïn Séfra.

LA RUTA DEL SUR

M'SILA ⭐

Situada en las mesetas altas, M'Sila es una parada importante en la ruta hacia el sur. La ciudad puede no tener gran interés, pero a treinta kilómetros al noreste se halla uno de los yacimientos arqueológicos más importantes del país. Emplazada a mil metros de altitud, la *kalâa* (fortaleza) de los Beni Hammad está catalogada por la Unesco como Patrimonio de la Humanidad. Fue construida en 1007 sobre un emplazamiento estratégico por Hammad ibn Buluggin, hijo del fundador de la ciudad de Argel, Buluggin ibn Ziri, y constituyó la primera capital de los hamadíes. Las ruinas de esta ciudad, símbolo de la edad de oro del Imperio hamadí, constituyen un auténtico modelo de urbe musulmana fortificada.

■ KALÂA
DE LOS BENI HAMMAD ⭐⭐
Comuna de Maâdid; M'Sila

La *kalâa* fue abandonada en 1090 y parcialmente destruida por los almohades en 1152. Desde la Gran Mezquita aún puede admirarse el alminar que, con sus veinticinco metros de altura, domina el lugar. Su arquitectura hispano-morisca recuerda a la Giralda de Sevilla o a la Kutoubía de Marrakech.

La torre del homenaje y las altas murallas del palacio del Fanal (Qasr el-Manâr) también merecen una visita. Los cimientos del palacio del Lago (Dâr el-Bahr) atestiguan su antigua composición (pabellones, jardines, habitaciones, baños y estanques), característica del arte hammadí y marcada por el lujo y el refinamiento.

BOU SAÂDA ⭐

Todavía no plenamente sahariana y emplazada en las altas mesetas, Bou-Saâda es una ciudad bonita y limpia, el oasis «de la felicidad», como indica su nombre y como afirmaban quienes la descubrieron en el siglo XIX, entre ellos los pintores Guillaumet (enterrado en el cementerio de Montmartre) y Étienne Dinet, pintor orientalista que eligió vivir y morir allí (en 1929), inspirado tanto por la ciudad como por la sensualidad de las Ouled Naïl, bailarinas muy de moda en la época. Esta «puerta del desierto» es el oasis más cercano a la costa argelina.

LAGHOUAT ⭐

Fundada por los hilalianos en el siglo XI y situada a cuatrocientos kilómetros de Argel, Laghouat es una auténtica puerta del desierto. Se trata de un oasis protegido por el monte Tzigarine (780 m), prolongación del monte Amour al oeste y de los montes Ouled Naïl al este. Esta «ciudad de los jardines» fue descrita por el pintor y escritor Eugène Fromentin, quien, a partir de este viaje, produjo libros y cuadros en los que se mezclan el sol y la sombra. Laghouat ha conservado el recuerdo de este enamorado de su ciudad dando su nombre a una de las rocas sobre las que, en busca de los mejores miradores, sin duda le gustaba meditar.

EL GOLÉA / EL MENIA ⭐

Después de Gardaya, el desierto es muy monótono, gris, llano, pedregoso y a veces salpicado de dunas. La carretera está en bastante buen estado, pero el avance puede verse frenado por peligrosos desprendimientos de arena. Después de casi 270 kilómetros, el oasis de El Menia (antes El Goléa) aparece en el fondo de una depresión, a la derecha. En la carretera cada vez más transitada —¡los billetes de avión son caros!— que conduce hacia el sur, esta ciudad es un punto de parada agradable, aunque no tiene muy buena prensa y se considera un núcleo muy conservador. Se puede pernoctar aquí —¡todavía queda un largo camino hasta Tam!—, pero sin pensar en una estancia de varios días.

© ANTON_IVANOV – SHUTTERSTOCK.COM

El Goléa.

IN SALAH

En esta gran travesía de norte a sur, In Salah es la última etapa antes de un tramo de carretera que se extiende sobre 660 kilómetros en medio de la nada, sin ningún tipo de servicio, antes de Tamanrasset. La ciudad con nombre de *fuente salada* está rodeada por las altas dunas que la amenazan: la arena azotada por los vientos está por todas partes. El calor también, porque es una de las ciudades de Argelia donde se registran las temperaturas más altas en verano, hasta 50 °C.

La ciudad vivía antaño de las caravanas que intercambiaban marfil, oro o esclavos por dátiles, té o tejidos; hoy se detienen en ella los camioneros que viajan hacia el sur.

■ EL BOSQUE PETRIFICADO Y LA LLANURA DE TIDIKELT

Al oeste de In Salah, en la carretera de Reggane, al comienzo de la llanura de Tidikelt, en lo que se conoce como la «palma de la mano», se halla este «bosque» de árboles petrificados por la sequía, que es difícil de visitar porque se encuentra en una zona militar. Es una pena, porque se trata de uno de los yacimientos más importantes del mundo. En cuanto al Tidikelt propiamente dicho, también es un desierto integral entre In Salah y Reggane. Solo Aoulef y el oasis de Akabli ofrecen un respiro en medio de la inmensidad de arena.

EL M'ZAB

A seiscientos kilómetros al sur de Argel, la región sahariana del M'Zab está compuesta por una serie de valles abiertos en torno al *uadi* M'Zab, que serpentea por una meseta elevada (altitud media de 500 metros). Es una tierra inhóspita, cubierta de roca quemada, seca y estéril a primera vista, llena de altas colinas de color ocre rosado, tan regularmente separadas por *uadis* casi siempre secos que la región también se conoce como Chebka («la red»). El clima no es muy benigno, a veces frío en invierno (de 1 °C por la noche a 25 °C durante el día), generalmente muy caluroso en verano (hasta 48 °C) y a menudo marcado por el siroco, el viento abrasador del sur.

GARDAYA

Desde su fundación, esta ciudad tuvo una clara vocación comercial y dio su nombre por extensión a la Pentápolis (en referencia a las cinco ciudades de la región). Hoy, todos los servicios (transporte, tiendas, alojamiento…) se encuentran en una nueva Gardaya empujada fuera de las murallas, y que se extiende a lo largo de la rambla o *uadi* de M'Zab. Se entra en Gardaya por una amplia avenida flanqueada a un lado por arcadas bajo las que se ubican numerosos talleres mecánicos. Después del centro comercial, estructurado en tres calles principales (Emir-Abdelkader, 1er-Novembre y Ahmed-Talbi), es necesario pasar una puerta abierta en el eje de la calle Emir-Abdelkader para llegar a la gran plaza del mercado, flanqueada por arcadas de piedra caliza. Luego, a la izquierda, hay que pasar por debajo de una puerta abierta en la parte más larga de la explanada para adentrarse en la antigua Gardaya. La atmósfera cambia repentinamente. La luz, menos agresiva por la proximidad ocre de las paredes, permite ver a los ancianos que vigilan la calle desde el umbral de una pequeña tienda, a los niños que se escabullen entre los ciclomotores y a los burros cargados de provisiones o escombros de alguna obra, y también las siluetas blancas y anónimas de las mujeres que aceleran el paso antes de desaparecer. A medida que se va subiendo, las calles se vuelven más estrechas y tortuosas, convirtiéndose a veces en verdaderas escaleras. Algunas son callejones sin salida, tan solo al servicio de varios hogares. Por las puertas bajas, siempre abiertas pero veladas por una cortina, transcurren, sin poder deslizar un ojo indiscreto en ellas, las vidas de las familias.

A ambos lados de las puertas, pequeños nichos cerrados por una puerta metálica calada encierran los servicios de gas y electricidad. De vez en cuando nos deslumbra el resplandor azul de un depósito de agua metálico fijado en el techo de una casa, junto a la antena parabólica. Finalmente llegamos a la mezquita, cuyo alminar, con cuatro dedos extendidos hacia el cielo, como una llamada a la presencia divina, domina la ciudad. Se halla ligeramente encorvado, no para resistir al viento, sino porque la mano del hombre es imperfecta.

LOS OASIS CHAAMBAS

Los chaambas eran originalmente un pueblo seminómada que deambulaba por el norte del Sáhara y que a menudo se enfrentaba a los mozabitas, quienes intentaban arañar su monopolio comercial. Ya asentados, hoy habitan en las inmediaciones de Gardaya y, sobre todo, en la pequeña ciudad que se anuncia modestamente como su cuna. Metlili se encuentra a unos cuarenta kilómetros de la Pentápolis. Hay que ir más allá de la zona industrial de Gardaya, en la que se pueden visitar los tradicio-

© ISMAËL SCHWARTZ – ICONOTEC

Tumba de un hombre santo en el oasis de Gardaya.

nales hornos de cal y el aeropuerto de Noumérate, en la carretera de Uargla y, en la siguiente rotonda, girar a la derecha. La pista atraviesa durante veinte kilómetros una hamada batida por el viento, antes de deslizarse por curvas anchas hacia la rambla que dio nombre a la población. Pronto aparece la cumbre turquesa y verde del alminar de la mezquita. El lecho de la rambla alberga un colorido mercado, mientras que, en lo alto de la montaña, se atisban los restos de un *ksar* (castillo). Al otro lado de la rambla, llama la atención un pequeño mausoleo blanco. Se puede subir a este maravilloso mirador por una pista en malas condiciones.

Más adelante, en el camino a Seb-Seb, el blanco brillante de la zagüía de Sidi Hadj Ahmed Bahous contrasta con el color de la tierra utilizada para las casas.

EL GRAN ERG ORIENTAL

Con una superficie de 190 000 metros cuadrados, el Gran Erg Oriental, dos veces mayor que el Erg Occidental, está situado entre Túnez y Argelia. Entre Biskra y Hassi Messaoud se extiende una sucesión de oasis. En Tolga se cosechan algunos de los mejores dátiles del país. El Oued, capital de Souf, conocida como la «ciudad de las mil cúpulas», alberga un magnífico mar de arena. Un poco más al oeste, Tuggurt presume de un inmenso palmeral. La carretera continúa hacia el sur, en dirección a los campos de petróleo.

UARGLA ⭐

Situada a 845 kilómetros al sur de Argel y a 155 al este de Gardaya, Uargla es un inmenso oasis con un palmeral de más de un millón y medio de palmeras datileras. Se trata de una de las ciudades más antiguas del desierto. A principios del siglo X acogió a los ibadíes (karidjitas, mozabitas) que huían de Tiaret amenazados por la codicia de sus vecinos. Hoy en día, Uargla se ha convertido en un importante centro industrial, principalmente petrolero, y administrativo.

TAMANRASSET Y EL AHAGGAR

«Nadie conoce el sufrimiento si no ha contemplado desde lo alto del Assekrem este desbarajuste cósmico que es el Ahaggar. Esta desintegración lunar donde la roca, la arena, las dunas, las grietas y los picos majestuosos dan ganas de morirse enseguida. El Sáhara es este jaleo intolerable del mundo, esta increíble convulsión de la geografía y la geología.» Rachid Boudjedra, *Timimoun,* 1994.

Con una superficie de 480 000 kilómetros cuadrados, el macizo del Ahaggar, o Hoggar, es casi tan grande como España. Equidistante de las fronteras de Mali, Níger y Libia, esta alta región del sur de Argelia (2000 m de altitud media), situada a ambos lados del trópico de Cáncer (que pasa al sur de In Amguel), se formó por la actividad volcánica durante las eras Terciaria y Cuaternaria, dando lugar a los «órganos» basálticos del Assekrem.

Como una muralla que protege el acceso, los montes Tefedest, al norte del Ahaggar, constituyen un contrafuerte granítico cuyo pico más elevado, el In Ekoulmou, queda ensombrecido por el peculiar perfil del pico Garet el Djenoun (el «pico de los espíritus»), que alcanza los 2375 metros de altitud. Al noroeste se extiende la meseta de Mouydir, entre In Salah y Tamanrasset, y luego los macizos de Ahnet, Immidir y Assedjrad; al oeste, las extensiones desoladas y pedregosas del Tanezrouft, el desierto de los desiertos; a trescientos kilómetros al suroeste, el Tassili n'Ahaggar (Tassili del Ahaggar) y el Adrar des Ifoghas (ya en Mali); al sureste, el Tenéré (Níger), y a setecientos kilómetros al noreste, el Tassili n'Ajjer. *Tassili* significa «meseta» en tamashek. En el centro mismo del macizo del Ahaggar, tres altas cumbres dominan la región: el Tahat (la «columna del cielo» mencionada por Heródoto, 2918 m) al norte de Tamanrasset, el Ilamane (2740 m) y el Assekrem (2725 m), donde se alza solitaria la ermita del padre Carlos de Foucauld. El paisaje está esculpido por los *uadis* que nacen en el macizo del Atakor, corazón del Ahaggar, al noreste de Tamanrasset. El *uadi* que dio nombre a la *wilaya*, el *uadi* Tamanrasset, fluye —cuando lleva agua— hacia el oeste, el Tanezrouft y Mali; el *uadi* Tin Tarabine desciende hacia In Azouza, en Níger, para unirse al lago Chad tras mezclar sus aguas con las del *uadi* Tafassasset, con el que confluye antes del *erg* Admer y de Djanet, hacia el este.

Debido a su altitud y ubicación, el Ahaggar goza de temperaturas generalmente más suaves que los territorios situados más al norte. Si bien son muy parecidas en invierno (mínimas de 4 °C en enero y máximas de 22 °C), la diferencia es apreciable en verano, cuando la temperatura en Tamanrasset es casi agradable (máxima de 35 °C de media en julio), mientras que los 45 °C y más en In Salah, en la carretera hacia el norte, son difíciles de soportar. Teniendo esto en cuenta, el Ahaggar puede recorrerse en cualquier estación, aunque la primavera y el otoño hacen el viaje un poco menos agotador. En el Atakor, las noches son frescas y, en invierno, el relieve puede incluso cincelarse con una fina capa de escarcha nocturna. Con una humedad muy baja, la sequía amenaza durante todo el año a la frágil flora y, por consiguiente, a la fauna. Las capas freáticas, muy mal abastecidas, se agotan, y los abrevaderos son escasos. Cuando uno se desplaza, cada *guelta* (o *aguelman,* cuenca rocosa que contiene agua) se convierte en un tesoro celosamente guardado.

Aparte de alguna palmera ocasional, que se eleva por encima de los jardines cultivados en los *uadis,* la flora es bastante escasa. Entre los árboles y arbustos destacan las acacias (*talha, ahtes* o *absar*), el tamarisco (*azoua* o *ethels*) y el temido *Calotropis procera* (*thoras* o manzano de Sodoma), cuyas hojas recuerdan a las de la col. La gente te advertirá de que su leche es urticante, o que su semilla, que se parece a la umbela plumosa de un diente de león, es peligrosa para los ojos. Solo los camellos comen las bonitas flores púrpuras de esta planta atractiva. En Atakor, unos pocos acebuches se cobijan entre las rocas y las adelfas dan sombra a las *gueltas.* Sin embargo, miles de semillas esperan en la arena o en alguna grieta un chaparrón que las riegue. Cuando llueve, los lechos de los *uadis* se cubren

TAMANRASSET

hacia Adriane,
campings
y hotel Tahat

MOUFLON

Centro comercial

Air Algérie

Banco

Ayuntamiento

Correos

Oficina del Parque
Nacional del Hoggar

UADI TAMANRASSET

Centro
de Iniciativa

Bordj del
padre de Foucauld

Plaza del
1 de Noviembre

hacia Souf

Mercado

Museo

ONAT

Taxis

SERSOUF

hacia Niger
y Tassili del Hoggar

UADI TAMANRASSET

Mezquita

hacia el aeropuerto,
Outoul
e In Salah

Ermita
del padre
de Foucauld

GATAA EL-OUED

TAHAGART

Mercado
africano

de una vegetación hasta aquel momento insospechable.

Importante: los turistas no argelinos pueden acceder actualmente a Tamanrasset, pero han de ir acompañados de un guía. Ponte en contacto con una agencia de viajes antes de partir para organizar tu estancia.

TAMANRASSET ⭐

Construida a 1400 metros de altitud, a ambos lados del *uadi* Tamanrasset (o Tamenghest) y del *uadi* Sersouf, Tamanrasset es una ciudad reciente, dominada al este por el amena-

zador Ahaggar. Cuando, en 1905, el padre Carlos de Foucauld llegó aquí aconsejado por su amigo Laperrine, Tam no era más que una aldea de zeribas que solo se expandiría unas décadas más tarde bajo la influencia de un soldado olvidado por la historia pero no por los habitantes más antiguos del lugar, el capitán Florimond. La administración francesa no se instaló aquí hasta la década de 1920, tras abandonar el fuerte Motylinski (actual Tarhaouhaout). En 1951, Tam se convirtió en una subprefectura del departamento del Territorio de los Oasis, en el Sáhara, y la ciudad comenzó a desarrollarse a raíz de las investigaciones y pruebas nucleares francesas en In Ekker.

■ DJANET Y TASSILI N'AJJER ■

Se habla menos de él que del Tassili del Ahaggar, con el que no tiene nada que ver, pero el Tassili n'Ajjer es la región de Argelia de donde proceden la mayoría de las reproducciones de pinturas rupestres descubiertas en su día, asombrados por la

gracia y el misterio que las caracterizan. Pero más allá de su riqueza arqueológica, el Tassili merece ser descubierto porque es todos los desiertos a la vez. Desde el Tassili mineral hasta el fantástico Tadrart, desde el *erg* Admer, con sus fabulosas dunas, hasta el *uadi* Djerat, en el que se observaron las primeras pinturas, el Tassili n'Ajjer corresponde al conjunto de mesetas (*tassili*) y *ergs* que protegen su acceso, situadas en el extremo sureste de Argelia. Con una superficie de 114 000 kilómetros cuadrados, limita al este y al sur con Libia y Níger, y al oeste con el macizo del Ahaggar. Una única carretera que parte de Illizi, pasando por Bordj El Haouas, conduce a la pequeña ciudad de Djanet, que es su centro urbanizado. Debido a su altitud media, de 1200 a 1500 metros, la región goza de unas condiciones climáticas bastante buenas que han permitido el desarrollo de una rica flora y fauna. La flora es típica de estas regiones desérticas, donde algunos ejemplares muy

© TOM PEPEIRA – ICONOTEC

Tuaregs en Yanet.

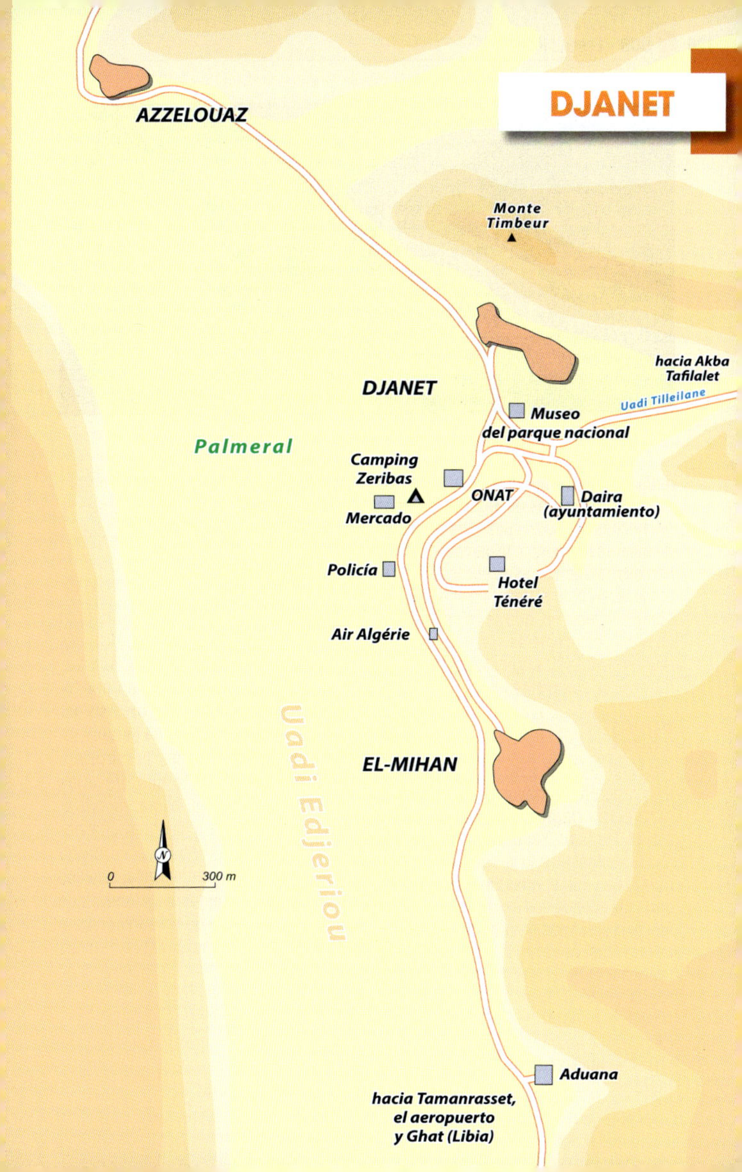

DJANET

AZZELOUAZ

Monte
Timbeur ▲

DJANET

hacia Akba
Tafilalet

Uadi Tilleilane

Museo
del parque nacional

Palmeral

Camping
Zeribas
ONAT
Daira
(ayuntamiento)

Mercado

Policía

Hotel
Ténéré

Air Algérie

Uadi Edjeriou

EL-MIHAN

0   300 m
N

Aduana

hacia Tamanrasset,
el aeropuerto
y Ghat (Libia)

Essendilène.

antiguos han logrado sobrevivir, como los cipreses milenarios de Tamrit y algunos acebuches achaparrados. Los animales también se han adaptado, aunque muchos han desaparecido, como el cocodrilo o el antílope, o están al borde de la extinción, como el guepardo, que se ve cada veinte años aproximadamente. Hay, sin embargo, muflones del Atlas, gacelas y pequeños mamíferos como el fénec.

YANET ⭐⭐

Oasis de encanto apacible y reparador, encajado en su mayor parte entre dos cordilleras negras dominadas por el monte Timbeur, Yanet es muy diferente de Tamanrasset, a la vez que su complemento casi indispensable. Emparedada entre los acantilados que protegen el *uadi* Idjeriou y el Tassili, la pequeña ciudad parece casi mediterránea, y merece la pena pasar en ella algo más de tiempo que la noche de llegada (o de partida). Se cree que su nombre significa «paraíso» (*aldjanet*) o «camellos inclinados». Con sus diez mil habitantes, en su mayoría tuaregs ajjers, es la capital del Tassili

n'Ajjer. Situada no lejos de la frontera libia, constituye un importante eje de comunicación con Ghat, ya en Libia.

ESSENDILÈNE ⭐⭐

El nombre, que se conoce gracias al guía de alta montaña y escritor francés Roger Frison-Roche (véase *Le Rendez-vous d'Essendilène*), es ya un sueño. Para llegar a este valle, protegido por una alta barrera rocosa que penetra en el Tassili, hay que seguir la carretera de Illizi hacia el norte durante unos cincuenta kilómetros, hasta encontrar lo que parece una pista marcada por huellas de neumáticos que se dirige hacia el noreste. A continuación, se sigue el *uadi* hasta un pequeño palmeral que marca el comienzo de un cañón donde se las arreglan unas cuantas familias tuareg. A unos kilómetros, gigantescas adelfas protegen poéticamente el cañón de Essendilène. Hay que caminar unos cinco kilómetros más para llegar al *guelta* (la poza de agua) que originó este milagro vegetal.

INFO PRÁCTICA

Ayuntamiento de Orán.
© MTCURADO

INFO PRÁCTICA

Dinero

▶ **Moneda:** la moneda nacional argelina es el dinar (DZD).

▶ **Tipo de cambio** (enero de 2026): 1000 dinares = 6,56 euros y 1 euro = 152,43 dinares.

▶ **Coste de la vida:** el coste de la vida en Argelia puede parecer bajo para un europeo, pero conviene saber que el salario mínimo argelino está fijado en 18 000 dinares, alrededor de 150 euros. Esto da una idea del poder adquisitivo de la gran mayoría de argelinos.

▶ **Regateo:** aunque esta práctica está mucho menos extendida en Argelia que en los zocos de Marrakech, no deja de ser habitual.

▶ **Propinas:** la propina no es obligatoria, solo una gratificación, un gesto para demostrar que se ha apreciado el servicio.

Equipaje

Para cualquier viaje de verano, mete en la maleta ropa ligera, holgada pero que cubra, porque no hay mejor protección contra el sol y las miradas que la tela, preferiblemente de algodón y para todas las situaciones. En cuanto al calzado, piensa primero en la comodidad; a menudo hay que descalzarse (mezquitas, visitas a amigos, etc.), así que es mejor evitar cordones complicados o zapatos que impidan respirar a los pies. Lo mejor es meter en la maleta un par de zapatos cómodos para caminar y un par de sandalias o chanclas para relajarse. Para el día a día, opta por una pequeña mochila multiusos.

En invierno, añade una prenda de abrigo impermeable, porque aunque el termómetro marque 15 °C, a menudo parece que hace mucho más frío. Un paraguas no es un lujo, y si estás planeando un viaje a la Cabilia o Constantina, debes saber que allí nieva con más frecuencia que en Madrid.

Para cualquier viaje al sur, añade a esta maleta básica un par de gafas de sol de alta protección. Es mejor olvidarse de las lentillas, que no resisten bien la sequedad y los vientos fuertes, a veces cargados de arena. Mejor unas gafas graduadas con protección solar. No necesitarás ni impermeable, ni paraguas ni botas de invierno. Incluye un turbante de algodón que puedas encontrar en la zona, ropa de abrigo (lana o forro polar) y un buen saco de dormir para las noches frescas de invierno, y una crema muy hidratante para la cara y los labios, y que alivie las quemaduras solares.

Electricidad

220 voltios/50 Hz, mismas tomas que en Europa, con dos clavijas redondas.

Formalidades

Además del pasaporte, todos los viajeros que deseen ir a Argelia deben solicitar un visado en el consulado de su lugar de residencia o de su lugar de trabajo (Alicante, Barcelona, Madrid).

▶ **Nuevo visado a la llegada.** Este visado, disponible desde 2023, está destinado a los turistas extranjeros que deseen visitar el Sáhara argelino. Para poder beneficiarse de él, debes tener previsto visitar al menos una wilaya del desierto. Todo el procedimiento se realiza a través de una agencia de viajes autorizada, y las solicitudes se tramitan en unos diez días.

▶ **Información sobre trámites:** https://www.exteriores.gob.es/ Consulados/argel/es/ViajarA/Paginas/ Documentación-y-trámites.aspx.

▶ **Embajada de Argelia en Madrid:** https://www.emb-argelia.es/

▶ **Consulado de Argelia en Barcelona:** https://consulatalgerie-barcelone.org/.

▶ **Embajada de España en Argel:** https://www.exteriores.gob.es/ Embajadas/argel/es/Paginas/index.aspx.

Idiomas

El árabe (literal) es la lengua oficial, pero las lenguas habladas en Argel son el árabe argelino —derdja— el tamazight (lengua bereber) y el francés, que sigue siendo la lengua de trabajo en las administraciones y empresas.

Cuándo ir

Argelia tiene tanto que ofrecer que cualquier época del año es buena para visitarlo.

Salud

No se requiere ninguna vacuna específica, aparte de las habituales (difteria, tétanos y poliomielitis). Se recomienda la vacunación contra la hepatitis A en ausencia de inmunidad previa (sobre todo si tienes antecedentes de ictericia, planeas una estancia prolongada en el extranjero o si tienes más de 45 años). Los problemas más frecuentes en Argelia son las insolaciones o golpes de calor, los problemas digestivos al no estar habituado a la cocina y los alimentos (verduras, hortalizas crudas, etc.) y las picaduras de insectos, sobre todo de mosquitos. Aunque en Argelia se pueden encontrar la mayoría de los medicamentos habituales (aspirina, paracetamol, etc.), es mejor llevar lo necesario, sobre todo si piensas adentrarte en el desierto, donde apenas hay farmacias. Así que no olvides llevar repelente de mosquitos, crema solar, pastillas para calmar el ardor de estómago, la diarrea y otros problemas digestivos, dependiendo de lo sensible que seas.

Seguridad

▶ **Viajeros con discapacidad.** Dependiendo de la discapacidad, el viaje puede complicarse por la falta total de equipamientos adaptados.

▶ **Viajeros gays o lesbianas.** La homosexualidad es un tabú y no está tolerada por la religión musulmana. Aunque existe, como en todo el mundo, no es visible.

▶ **Viajar con niños.** No hay ningún problema reseñable. Al contrario, los niños suelen facilitar el contacto y todo el mundo hará lo imposible por complacerlos.

▶ **Mujeres solas.** Una mujer sola llama mucho la atención, sobre todo en un país donde pocas mujeres viajan solas. Pero más allá de las miradas y preguntas a veces embarazosas que provoca esta situación, los riesgos son bastante

QUÉ HACER / QUÉ NO HACER

▶ **Trata a tus interlocutores de usted,** incluso cuando ellos te tuteen: en árabe no existe el tratamiento de cortesía, pero eso no impide que tú seas cortés y educado.

▶ **Procura no rechazar** un segundo o tercer vaso de té a la menta cuando te lo ofrezcan: sería impropio. Si realmente no lo quieres, finge que tienes el estómago débil o no lo bebas.

▶ **Responde a todas las preguntas** aunque te puedan parecer indiscretas (sobre tu sueldo, el precio de tu cámara de fotos, la edad de tus hijos, el nombre de pila de tu mujer, etc.), porque es un signo de cortesía y amistad en Argelia. No se trata de curiosidad malsana, sino de preguntas que demuestran que tu interlocutor se interesa y se preocupa por ti.

▶ **Evita llevar ropa demasiado informal** por la calle (pantalones cortos, faldas muy cortas, escotes pronunciados, etc.). Procura no llamar mucho la atención y pasar desapercibido.

▶ **Evita** beber, comer y fumar en público durante el día en Ramadán. Las mujeres deben evitar fumar visiblemente en público durante todo el año, ya que está muy mal visto.

▶ Antes de entrar en un lugar sagrado o de oración, **comprueba** que puedes hacerlo. Si es así, quítate los zapatos cuando sea necesario.

▶ **Cuando hagas una foto,** pide antes permiso al sujeto con una sonrisa. Por lo general, no te pondrán problemas, pero si se niegan, no insistas.

▶ **Sobre todo, tranquilidad.** Como muchos países mediterráneos, Argelia vive a un ritmo más lento que España. De nada sirve reclamar un servicio rápido, no forma parte de las costumbres del país. Deja el estrés al bajar del avión, ¡pero acude puntual a tus citas!

limitados si se acepta cierta discreción. Es una gran tragedia para Argelia que no reciba más turistas, sobre todo para sus jóvenes, que no se encuentran con muchos extranjeros.

Teléfono

▶ **Código de Argelia:** +213.

▶ **Para llamar a Argelia desde el extranjero:** a un teléfono fijo, marca el prefijo de Argelia (+213) seguido del prefijo de la wilaya (región) y las seis cifras del número del receptor.

▶ **Para llamar al extranjero desde Argelia:** marca el prefijo del país (+34 para España) seguido del número del receptor sin el 0.

▶ **Para llamar a Argelia desde Argelia:** a un teléfono fijo, marca las 6 cifras del número del receptor precedidas del código de la wilaya.

ÍNDICE DE CONTENIDOS

A

ACUEDUCTO DE AÏN ZEBOUDJA. 63
AÉROHABITAT 55
AGADIR. 92
AÏN SÉFRA. .126
AÏN TAYA 83
AÏN TEMOUCHENT. 92
ANNABA. 121
ANTIGUA SINAGOGA 84
AURÉS, LOS .119

B

BALCÓN SAN RAFAEL / EZ-ZAHIRA 63
BASÍLICA DE SAN AGUSTÍN 122
BATNA 119
BENI SAF 92
BIBLIOTECA MUNICIPAL. 84
BIBLIOTECA NACIONAL DE ARGELIA . . . 63
BISKRA 121
BLADI. 12
BLIDA. 72
BORDJ EL KIFFAN 83
EL BOSQUE PETRIFICADO
  Y LA LLANURA DE TIDIKELT. 129
BOUMERDÉS .83
BOU SAÂDA .128
BUGÍA 107

C

CABO CARBON 108
CABO DE GARDE 122
CAPILLA DE SANTA CRUZ 88
CASBA 107
CATEDRAL DEL SAGRADO CORAZÓN . . . 50

CATEDRAL DE SANTA MARÍA
  Y CENTRO PIERRE CLAVERIE 85
CEMENTERIO CRISTIANO
  DE EL MADANIA (ANTIGUO BRU) 64
CEMENTERIO DE EL KETTAR 64
CEMENTERIO DE LAS PRINCESAS 51
CEMENTERIOS CRISTIANO
  E ISRAELÍ DE BOLOGHINE 65
CENTRO DE CONVENCIONES
  MOHAMED BENAHMED 88
CENTRO DIOCESANO DE ESTUDIOS
  LES GLYCINES. 64
CHERCHELL .81
CIUDADELA 51
CIUDAD MODERNA 118
CIUDAD VIEJA 117
CLUB DES PINS 78
COLLO 123
CONSTANTINA. 113
CUEVA DE CERVANTES 66
CUEVAS DE BENI ADD 97
CUEVAS MARAVILLOSAS, LAS 109

D

DAR AZIZA BENT EL-BEY 53
DAR HASSAN PASHA. 53
DIAR DIAR ES-SAÂDA / EL-MAÇOUL . . 65
DJANET/YANET 136
DJANET Y TASSILI N'AJJER 134
DJÉMILA – CUICUL 110

E

EBANISTERÍA ARTÍSTICA Y TRADICIONAL
  KHALED MAHIOUT 57
EDIFICIO-PUENTE BURDEAU 55
EL GOLÉA / EL MENIA 128

EL KALA. **124**
EL M'ZAB. **129**
ENSENADA DE LES AYGUADES 108
ESCUELA SUPERIOR DE BELLAS ARTES . . 65
ESSENDILÈNE **136**
ESTACIÓN DE TREN 89
ESTE DE ARGEL. **83**

▮ **F** ▮

FÁBRICA DE ARMAS DEL EMIR
    ABDELKADER 104
FARO DEL ALMIRANTAZGO 62
FESTIVAL DE TEATRO AMATEUR
    DE MOSTAGANEM. 36
FESTIVAL INTERNACIONAL
    DE CINE ÁRABE DE ORÁN 37
FESTIVAL INTERNACIONAL DE DANZAS
    POPULARES DE SIDI BEL ABBES 37
FESTIVAL INTERNATIONAL DE MALOUF . 36
FIESTA DE LA INDEPENDENCIA 36
FIESTA DEL DÁTIL 36
FIESTA NACIONAL 37
FORTALEZA DE ROZALCASAR 89
FRENTE MARÍTIMO 54
FUENTE AÏN-FOUARA. 110

▮ **G** ▮

GARDAYA. **129**
GARGANTAS DE CHIFFA Y ARROYO
    DE LOS MONOS 73
GHAZAOUET. **100**
GRAN EDIFICIO DE CORREOS. 54
GRAN ERG OCCIDENTAL **126**
GRAN MEZQUITA. 93
GRAN MEZQUITA DE ARGEL 66
GUELMA. **124**

▮ **H** ▮

HAMAM CHELLALA
    (ANTIGUO MESKOUTINE) 124

HIPONA 122

▮ **I** ▮

IN SALAH. **129**
INSTITUTO CERVANTES DE ARGEL 55
INSTITUTO CERVANTES DE ORÁN 89

▮ **J** ▮

JARDÍN BOTÁNICO
    DEL HOTEL EL-DJAZAIR 67
JARDÍN DE PRAGA (ANTIGUO MARENGO) 67
JARDÍN EXPERIMENTAL DE HAMMA . . 67
JARDÍN REFFAOUI 110
JIJEL **109**

▮ **K** ▮

KALÂA DE LOS BENI HAMMAD 127
KHEMISSA. **125**

▮ **L** ▮

LAGHOUAT. **128**

▮ **M** ▮

MUSEO DE ARTE MODERNO DE ARGEL
    (MAMA) 56
MANSOURAH 98
MARINA LES SABLETTES. 68
MAUSOLEO DE SIDI ABDERRAHMAN . . . 56
MAUSOLEO REAL DE MAURITANIA. 79
M'DAOUROUCH **124**
MÉDÉA. **73**
MEMORIAL DE GUERRA. 114
MESETA DE LALLA SETTI. 100
MEXUAR 96
MEZQUITA DE KETCHAOUA 57
MEZQUITA DE LAS CIEN COLUMNAS . . 82
MEZQUITA HASSAN BEY 114
MEZQUITA SIDI BOUMEDIENE 98

MILIANA **104**
MONASTERIO DE TIBHIRINE. 76
MONUMENTO A LOS MÁRTIRES. 68
MOSTAGANEM. **101**
M'SILA. **127**
MUASKAR **102**
MUSEO ALI LA POINTE. 58
MUSEO ARQUEOLÓGICO DE TIPASA. . . . 80
MUSEO DE ANTIGÜEDADES
　Y ARTE ISLÁMICO 59
MUSEO DE ARTE MODERNO DE ORÁN
　(MAMO) 90
MUSEO DE BELLAS ARTES 68
MUSEO DE CHERCHELL. 82
MUSEO DE DJÉMILA 111
MUSEO DE LA ILUMINACIÓN,
　MINIATURAS Y CALIGRAFÍA 58
MUSEO NACIONAL DE ARTES
　Y TRADICIONES POPULARES 59
MUSEO NACIONAL
　DE CALIGRAFÍA ISLÁMICA 96
MUSEO NACIONAL DEL BARDO 60
MUSEO NACIONAL DEL MOUDJAHID . . . 70
MUSEO PÚBLICO NACIONAL DE SÉTIF . 110
MUSTAPHA SUPERIOR
　Y BARRIOS DEL SUR **47**

■ N ■

NEDROMA **100**
NUESTRA SEÑORA DE ÁFRICA. 70
NUEVO MUSEO
　Y PARQUE
　DE LOS MOSAICOS 82

■ O ■

OASIS CHAAMBAS, LOS **130**
QESTE DE ARGEL. **77**
OESTE SAHARIANO **126**
ORÁN **84**

■ P ■

PALACIO DE AHMED BEY 114
PALACIO DE LOS RAIS – CENTRO
　DE LAS ARTES Y LA CULTURA 61
PARQUE BEYROUTH. 62
PARQUE NACIONAL DE CHRÉA . . .**72**
PARQUE NACIONAL DE GOURAYA.**107**
PARQUE NACIONAL DE TAZA. **109**
PARQUE NACIONAL
　DE TREMECÉN. **97**
PASARELA MELLAH-SLIMANE 115
PASEO IBN BADIS 90
PICO DE LOS MONOS 108
PLAZA DEL 1 DE NOVIEMBRE –
　AYUNTAMIENTO Y TEATRO. 90
PLAZA DE LOS MÁRTIRES
　(ANTIGUA PLAZA DEL GOBIERNO) 62
PUENTE COLGANTE DE SIDI M'CID . . . 117
PUENTE DE LAS CASCADAS. 116
PUENTE DE SALAH BEY 116
PUENTE SIDI RACHED 116

■ R ■

RESIDENCIA YVES SAINT-LAURENT 90
RÍO RUMMEL 117
RUTA DEL SUR, LA. **127**

■ S ■

SIDI BEL ABBÈS **91**
SIDI FREDJ **77**
SIDI OKBA **121**
SKIKDA **122**
SOUK AHRAS. **124**
SUR DE ARGEL. **72**

■ T ■

TAMANRASSET **134**
TAMANRASSET Y EL AHAGGAR . .**131**

TÉBESSA 125
TIARET 102
TICHY 109
TIDDIS 118
TIGZIRT 106
TIMGAD 119
TIPASA 78
TIZI UZU 105
TIZI UZU Y LA GRAN CABILIA . . .105
TREMECÉN 92
TUMBA DEL RABINO EFRAÍN ENKAOUA . 97

■ U ■

UARGLA 131

■ V ■

VILLA DEL TRATADO
/ DJENANE RAÏS-HAMIDOU 71

■ Y ■

YACIMIENTO ARQUEOLÓGICO 81, 119
YACIMIENTO ARQUEOLÓGICO
DE DJÉMILA 111
YACIMIENTO ARQUEOLÓGICO
DE TIMGAD 120
YEGUADA DE CHAOUCHAOUA 103
YENNAYER 36

■ Z ■

ZÉRALDA 92

EDICIÓN

Coordinación de la colección:
ALHENAMEDIA, Stéphan SZEREMETA, Dominique
AUZIAS y Jean-Paul LABOURDETTE
Autores: Baptiste THARREAU, Jean-Paul
LABOURDETTE, Dominique AUZIAS y otros
Director editorial: Francisco BARGIELA
Editora: Elena CODINA
Traducción y corrección: Xavier MARTÍNEZ
(Esfera, SL)

DISEÑO Y DIAGRAMACIÓN

Maquetación y montaje: María de los Llanos
ZOTES, Romain AUDREN, Julie BORDES,
Delphine PAGANO
Iconografía y cartografía: Anne DIOT,
Julien DOUCET

AUTORES Y CREADORES DE LA COLECCIÓN

Dominique AUZIAS y JEAN-PAUL LABOURDETTE
© Textos: Dominique AUZIAS y Jean-Paul
LABOURDETTE
© Mapas: Petit Futé
© Edición en español: Alhena Fábrica
de Contenidos y Petit Futé
© Traducción: Alhena Fábrica de Contenidos
y Petit Futé

Editado por **Alhenamedia** conjuntamente con **Les
Nouvelles Éditions de l'Université,** 18, rue des
Volontaires, París, Francia.

Publicado originalmente en francés por Les
Nouvelles Éditions de l'Université bajo el título
Algérie.

■ CARNET DE VIAJE ARGELIA ■

ALHENAMEDIA
C/ Rabassa, 54, local 1. 08024 Barcelona
Tel. +34 934 518 437
alhenamedia@alhenamedia.info
www.alhenamedia.info
Cubierta: *Desierto del Sáhara, Argelia.*
© Dmitry Pichugin - Shutterstock.com.
ISBN: 978-84-18086-71-7
Depósito legal: B-3308-2026
Impreso en España por Gráficas Lidergraf

EU Ecolabel:
PT/053/001

RECOJA Y RECICLE
EL PAPEL USADO